中国政法大学70周年校庆
文化系列丛书

中国政法大学70周年校庆文化系列丛书

总主编:李秀云

吾爱吾师

中国政法大学
"最受本科生欢迎老师"
采访集

黄雨薇 \ 主编

中国政法大学出版社

2022·北京

图书在版编目（CIP）数据

吾爱吾师: 中国政法大学"最受本科生欢迎老师"采访集/黄雨薇主编. —北京:
中国政法大学出版社,2022.5
ISBN 978-7-5764-0307-7

Ⅰ.①吾… Ⅱ.①黄… Ⅲ.①名人－访问记－中国－现代
Ⅳ.①K820.7

中国版本图书馆CIP数据核字(2022)第012365号

书　名	吾爱吾师 中国政法大学"最受本科生欢迎老师"采访集 WUAIWUSHI　ZHONGGUOZHENGFADAXUE ZUISHOU BENKESHENG HUANYING LAOSHI CAIFANGJI
出版者	中国政法大学出版社
地　址	北京市海淀区西土城路 25 号
邮　箱	fadapress@163.com
网　址	http://www.cuplpress.com (网络实名：中国政法大学出版社)
电　话	010-58908466(第七编辑部) 010-58908334(邮购部)
承　印	北京中科印刷有限公司
开　本	650mm×960mm　1/16
印　张	15.25
字　数	220 千字
版　次	2022 年 5 月第 1 版
印　次	2022 年 5 月第 1 次印刷
定　价	65.00 元

序

恰是一年金秋时节，欣闻《吾爱吾师——中国政法大学"最受本科生欢迎老师"采访集》再版，我想，这次书籍的再版，不仅包括了对之前内容的补漏订讹，还是一份献给即将70周岁的法大的礼物。

今年学校即将迎来70周年校庆，今天的中国政法大学，已经发展为一所以法学学科为特色和优势，兼有政治学、经济学、管理学、文学、历史学、哲学、教育学、理学、工学等学科的重点大学，顺利进入国家"双一流"建设的"一流学科建设高校"名单。教师是立教之本、兴校之源，法大之所以能取得今天的成绩，教师团队的努力至关重要。

70年来，学校始终坚持社会主义办学方向，与祖国共进、与时代同行。军都山下，小月河畔，一代又一代法大人用自己的汗水与智慧谱写奋进的法大篇章。法大教师们秉持拓荒牛精神，筚路蓝缕，拼搏奋进，将法治信念深深植根于法大校园内，辛勤哺育出一批又一批优秀的法大学子，守护着法治之树枝繁叶茂、开花结果，奏响新时代的法大强音。

"经师易得，人师难求"，一个人遇到好老师是人生的幸运，一个学校拥有好老师是学校的光荣。《吾爱吾师——中国政法大学"最受本科生欢迎老师"采访集》这本书，记载了历届"最受本科生欢迎的十位老师"评选活动获奖者的主要事迹。这项活动是由学校党委宣传部主办、新闻通讯社承办的校园品牌活动。2002年策划第一届评选，迄今为止已走过二十年的历程，廿载之间，已经成功举办了九届。活动的评选依据全部来自于同学们的投票，真正体现了学生们的意愿。这本书中的采访稿也都是由法大的学生写就，学生记者们用生动细腻的笔触带领读者们走近这些最受本科生喜爱的教师们的生活，体会他们的人生历程，感悟他们如何由"经师"蜕变为"人师"。

教师不但是学生们学术之路的引路人，同时也是他们人生的灯塔。为人师者，不仅要"传道、授业、解惑"，还要"立德、立言、立名"，这些优秀的老师不仅有着丰富的学术知识储备和高超的教学技巧，同时也有着高尚的道德修养和坚定的理想信念。三尺方寸讲台之间，他们筑梦杏坛。他们于平凡处见不凡，甘当人梯，甘当铺路石，以人格魅力引导学生心灵，以学术造诣开启学生的智慧之门。

《吾爱吾师——中国政法大学"最受本科生欢迎老师"采访集》的再版，将会是对"立德树人 德法兼修"目标的又一次贯彻与落实，同时对加强师资队伍建设，弘扬师德师风规范有重要意义。"国将兴，必贵师而重傅；贵师而重傅，则法度存"，法大兴于"法度"，则必将"贵师而重傅"。借此机会，我代表学校向所有奋斗于斯、充盈于斯的法大教师致敬，希望与老师们共同努力，继续用奋斗书写法大华章！

编者

2021 年 10 月

目　录

方尔加

哲学，一路走来，一生感受

文/夏广兴

方尔加，哲学博士，著有《王阳明心学研究》《荀子新论》《将帅型企业家松下幸之助》《〈道德经〉意释致用》《儒家思想讲演录》等具有较大社会影响的专著，曾发表论文 60 余篇。1987～2003 年在中国青年政治学院任教，2003 年调至中国政法大学人文学院，2005 年中国政法大学成立马克思主义学院后在该院工作，2015 年退休。其常通过鲜活的事例、通俗化的语言，帮助学生获得对哲学的深刻理解。于 2006 年、2008 年分别当选为第二届、第三届"最受本科生欢迎的十位老师"。

子曰："五十而知天命，六十而耳顺。"1955 年出生的方尔加，经历过那个动荡的年代，插过队，然后又在 1977 年考入北京大学的哲学系，从此开始了学术生涯。如今年过六十的方尔加，戴着一副厚厚的眼镜，只是不知，那眼镜伴随他看过了多少著作、报纸、论文和世间的沧桑……

求学生涯

一个感性的认识，一种"好奇"的心态，方尔加凭着自己的感觉和兴趣报考了北京大学哲学系并顺利被录取，徜徉在未名湖畔和博雅塔下，开始了自己的哲学畅游。

高中毕业，年轻的方尔加来到平谷插队。那是一个思想匮乏的年代，"人活着会经常问为什么，问得越多，困惑也就越多，为什么也就越多"。正是在这种不断地思索和反省中，方尔加产生了对哲学最初的追求，并成为 1977 年恢复高考后的第一批大学生。

那时的哲学系还是单纯地教授马克思主义哲学，经典的马列主义原著是哲学系的主干课。当时的方尔加并不是班里的好学生，甚至还一度沦落到几乎毕不了业的境地。当周围人都在埋头整理上课教授的内容并形成自己的知识体系的时候，方尔加却在"感受哲学"，他把老师上课教授的内容想象成了日常生活中的例子和图像。颇为枯燥的马列哲学在他脑子里是鲜活的生活情景，儿时的无忧无虑的生活，或者是音乐情景的想象，都成了他感受中的一部分。恐怕也就是这样才有了后来方尔加与众不同的教授哲学的方法，有了他对中国古代哲学独特的理解和阐述吧。那时的他思维方式和别人不一样，也还没有形成"感受哲学的语言系统"，所以考试的成绩不是很好，自己在论文的写作方面也不突出。在别人看来，那时的方尔加或许就是一个头脑里总有许多稀奇古怪想法的年轻人吧。

北京大学的课程是丰富多彩的，方尔加喜欢去旁听历史系、中文系的课，喜欢古典文学。令人吃惊的是，方尔加还经常跑去听生物学的课程。在中国社会科学院研究生院读历史系时，方尔加也一直在寻找自己"感受哲学的语言系统"，努力将自己的想法诉诸文字，用别人可以理解的成体系的方法表达自己那独树一帜的"感受哲学"。

研究生毕业的时候方尔加心情不是很好，因为自己没有一个好的成绩。博士，对于他来说是一个奢侈的字眼。就在这时候，时为中国人民大学博士生导师的石峻老先生和方尔加进行了一次"十五分钟"的谈话。石峻先生是著名的中国哲学史专家、佛学家、教育家，他对哲学，特别是中国哲学史研究做出了重要贡献，享有很高的声誉和地位。方尔加是在家人的鼓励下去石老家的，但让人没想到的是，"十五分钟"的见面变成了"九个小时"的畅谈。后来，方尔加成了石老的学生。再后来，在不到一年的时间里，他完成了自己的博士论文，并且每门课程都是优秀，提前学成出师，"布道"于众学子，讲授他的"感受哲学"。

用生活感受哲学

没有晦涩难懂的哲学语言，没有旁征博引，也没有很多时不时冒出来的专业术语，在方尔加口中，哲学不再那么神秘。方尔加是用生活中的例子来解释他头脑中的哲学，用他自己对哲学的感受来讲解哲学，而不是用枯燥的文字和复杂的逻辑。他认为只有生活当中鲜活的例子才有穿透力和渗透力，才能让人真正对哲学有深刻的理解。他推崇王阳明，认为哲学是需要在生活中体验与理解的，而不是靠单纯的学习得来的，"知行合一"是最高的境界。在学习与讲解中国哲学的过程中，方尔加发现自己很多独特的想法会和古人不谋而合，自己仿佛从古人那里找到了知音，能想象出古人在思考某个哲学问题时的心态和情景，然后表达出来。

"我非学问中人，而是问题中人"，方尔加很推崇梁漱溟的这句话，他始终认为自己是在"研究问题"而非在"做学问"，也就是讲求实践。方老主要研究中国古代哲学问题，写论文时只选择对读者有启发意义的问题，他认为做学问就是要追求这种东西，"理论不能老在书斋里面，科学理念也不能总是待在实验室里"，要改变现今理论和实践相脱节的状况，应该把二者有效结合起来。对于儒家如何进入实际生活，为社会广泛接受，方尔加就有着自己独到的见解。

儒家是中国传统文化的主体，理论的体系很严密，儒道法三家共同构成了中国传统文化的精髓。但儒家产生以后，普遍的问题就是实用性差，没有法家的实用性强，所谓"道之不行，已知之矣"，因此，儒家一直有一个问题，就是怎样把它运用到实际生活中去。其实儒家学人也想解决这个问题，虽然孔子、孟子秉持决不放弃原则，决不妥协，但是他们内心也知道，能不能结合到实际，能不能在实际中实实在在解决问题，这是今后儒家能不能被别人接受，能不能在社会上立得住脚的关键。

而儒家理论要想走出书斋，进入操作层面，为社会服务，被社会接受，起码要解决两个问题：第一，必须让统治者接受，使统治者感觉到其能解决问题，帮助统治者树立权威，在一定程度上满足统治者的需求。第二，必须具有可行性，确实能够操作，能打通从理论进入实践的各个环节，做到这一点，儒家的理论就能被接受。

让传统文化进入每个人的生活，是方尔加一直努力的方向。为了实现自己的梦想，使儒家理论走出书斋，近年来，方尔加在北京大学、清华大学、中国人民大学、中共中央党校、长江商学院、中山大学等许多地方讲演，同时在各大企业举办讲座，传播中国传统文化，激发每个人头脑中的智慧。集结这些年的讲座精华，方尔加将它们编辑成书——《儒家思想讲演录》。而后还陆续编辑出版《道家思想讲演录》《法家思想讲演录》。

"一个人只要可能就应该像伟大的天才那样思考，而像普通人那样说话。"叔本华认为凡能用通俗化的语言表达出来方为大家，方能证明自己已经将所说之事尽数理解。"最难的是写通俗的普及著作，相对于有一定专业基础的同行来说，普通人更要求著书之人能将晦涩难懂的专业知识转化成通俗的语言和文字"，方尔加说。近年来他一直致力于儒学的普及，用最通俗的语言、最生动的例子让普通大众了解与喜欢儒家学说。

法大情怀

2003 年方尔加来到中国政法大学。之后，方尔加一直致力于改变法大在大众心目中只是法学具有优势的固有观念，积极推动人文学科的发展。

除了在中国政法大学执教，方尔加在北京大学、清华大学都是客座教授，但在外讲演，他始终坚持用"中国政法大学教授"的头衔。在一次到香港地区的演讲中，《文汇报》用大半版介绍中国政法大学教授方尔加，还有在深圳的演讲，方老师始终要求举办方首先申明自己是中国政法大学的教授。

在校内，方尔加开设了"中国政治思想史""中国哲学史""宗教学概论"等课程，并且还辅导学生的辩论赛。丰富而广泛的经历使方尔加对各个学派有着广泛的接触，他在著书讲课时从来不刻意讲求章法，因而课堂气氛比较活跃。听过方老师课的同学都对他讲课的娴熟和流畅赞叹不已，讲哲学的同时也是在讲智慧、讲生活。他学识渊博、语言幽默、谦逊和蔼，每次课都会吸引很多学生，教室总是座无虚席。有很多法大的学生还专程跑到北大去旁听他的课。正是这种游刃有余使方尔加在中国青年政治学院享有极高的声誉，多次被评为"中国青年政治学院十佳教师"，在学校教学评估体系中的得分始终是全校第一，并且在其他学校授课时的问卷调查中被选为得票最多的"印象最深刻的教师""最受学生欢迎的老师"。来到法大之后，2009年，方尔加被评为"最受本科生欢迎的十位老师"。

"法大的老师，尤其是人文学科的老师，给人印象比较淳朴、厚道，很少沾染社会上的不良风气。"方尔加很热爱法大，非常喜欢法大的老师和学生。在法大，老师与学生的交流是自然而且深入的。每次下课后总有很多学生向方尔加请教问题，而他也总是耐心地为学生们答疑解惑。虽然很忙，方尔加也会抽出时间与学生们在网上、电话中进行交流，帮助学生们修改论文。

忙里偷闲

方尔加的行程总是安排得很满。有很多的讲座等着他，他几乎每天奔波于全国各地，将他的"感受哲学"奉献于听众。闲下来的时候，方尔加喜欢阅读报纸，浏览各地的新闻，窝在家里安静地写作，总结最近的思考所得。有意思的是，他每天还喜欢看一两集电视剧来调节心情。

方尔加有着健康而丰富的生活：喜欢锻炼，喜欢读各种各样的书，喜欢散步，喜欢周游四方。尤其令人吃惊的是他特别喜欢读报纸，每年家里的报纸订阅费都高达一两千，从地方小报到中央大报，范围包括政治、经济、法律、文教、科技、国际、娱乐，为的是扩充知识，了解各领域的信息，"哪怕一年的报纸中只有一条消息是有用的也值！"方尔加如是说。

郭世佑

相期千里至

文/陈 莴 杨 君

郭世佑，历史学博士，从事晚清史、中国近代思想史、历史哲学的研究与著述。原为浙江大学历史学教授，浙江大学中国近代史与当代发展研究所所长，博士生导师，日本中央大学客座教授。郭老师不但治学严谨，而且颇具人格魅力，在海内外都有一定的学术声誉。2003年起担任中国政法大学人文学院教授，现为同济大学人文学院特聘教授。于2008年当选为第三届"最受本科生欢迎的十位老师"。

因极其偶然的原因，有幸采访郭世佑教授。虽然早就聆听先生教诲，并听说先生平易近人，然而还是免不了几分惶恐。动身前，就拜读过郭老师许多文字，以期从字里行间先对先生有个初步了解，不至于不知不敬。第一次通话时，先生就甚显平易风趣，再加上已得知先生也是从湖广之域走出的，才轻松了几许。

人如其文，在短短不到三小时的时间里，我们扑面感受到了先生率真而脱俗，博学而严谨的大家风范。

一个有故事的先生

先生是个有故事的人，在这个故事或奇缺或滥造的年代，这无疑是一种魅力。先生的故事是个人与时代和命运较劲的故事，是充满人情味儿的故事。感人，且发人深思。

从电影放映员一路走到博士生导师，成为享誉中外的学者，先生算是那一代人中的成功者。或许那一代的失败者自有那一代苦难的原因，但是先生的成功，从某种意义上说或许正是那一代的苦难所赋予的。因为，只有越过了苦难，最终坚持下来了的，才是真正的成功者。先生曾提过他是不敢做梦的，因为他的"梦想早已被噩梦所承包"。这是深深体味了世间的悲凉和非戏剧化的。

然而，先生并不真是无梦之人。否则，先生不会在恢复高考后，在电影放映员的岗位上，连续两次参加高考，且均获优异成绩。虽两次高考成绩优秀，却因一些原因无法进入理想大学殿堂，最后，先生进入了湖南师范学院历史系的学堂。这一时期对先生来说无疑比较失意，再加上父亲突然患病，所以，那时只打算毕业后回家乡效力。谈及理想，先生说没有什么大理想，但只有一个原则，就是无论干什么，至少应该干得像个样子。正是这个看起来很简单的原则，建构起先生无论顺境还是逆境总是积极向上的生活态度，也正是这种生活态度才使先生遇到看似巧合的转机。先生的转机是遇到林增平先生这样学术与师德堪称表率的大家，他的指导与示范使先生对自己的学科产生了兴趣，从此，先生开始以较快的速度，展现他的智慧与天赋。

自大学四年级起，先生便开始发表学术论文，之后便一发不可收拾，迄今为止，共发表论文八十余篇，且大部分载于核心期刊。除此之外，他还负责主持国家多项重要课题。先生已然站到了学术的前台。

一个有个性的先生

先生让我们最感钦佩的是在平实中凸显的人格魅力，这种魅力来自先生笔下的真知灼见、性情人生，来自接触中所能感到的真诚个性、率真浪漫。不同于有些学者之高高在上，遥不可及，先生给人一种很浓的人情味儿。

作为人文学者，先生身上明显流露出中国传统"士人"的气息，有天生的傲骨和对社会无法割舍的责任感。先生问我们的第一个严肃的问题就是："你们如何看待自由？"我们愣在当场。大风吹芦苇，谁能不弯腰？可是，看过先生的文章便知先生就是那少数没有弯腰也不可能弯腰的一员。谈到有人关于他"偏激"的评论，先生笑笑说，偏激也许只是因为你说了真话，或者是你说了别人不知道的话。这就是先生的自信与勇敢。而这两种品质在现实生活中恰恰是最遭人嫉妒的，往往给拥有它们的人带来孤独。在我们还没提起关于孤独的问题时，先生就向我们表明了自己是个不爱热闹不喜欢张扬的人。在和我们这两个后生晚辈的谈话过程中，先生就拒绝了好几个电话邀请，后来索性把电话线拔掉。先生面带一丝无奈地告诉我们，现在能安静读书的时间是越来越少了，同时又风趣地告诉我们，离开他所钟爱的西子湖畔到偏居昌平的中国政法大学，其实是他的一个"阴谋"，是他策划的一种能更加悠闲地读书思考的生活。不过，亲眼见证了不断响起的电话，我们只有"同情"先生的"阴谋"看来是无法"得逞"了。

一个感性浪漫的先生

历史是一门严谨的学科，也是一个浪漫的学科，治史的先生自认是一个感性的人。与其说是感性，不如说是对生活持一分认真的姿态。先生反复说自己不是一个拥有大理想的人，并笑言，人生的价值本来就是多元的，独自一人为了自己的所谓大理想而奔忙，把家庭、亲友、师长、学生都扔在后面又有什么意思呢？他还说一个人精力有限，而且自己兴趣广泛，做一个好学生、好教员、好儿子、好父亲、好丈夫已经不易，实在不敢再奢求什么大理想了。所以，先生在朋友圈中是出了名的孝顺、顾家、尊师、爱友、护幼。

事实上，先生就曾毅然回家照顾病中老父而放弃留校与读研的机会，还为了要就近侍奉双亲，数次婉拒恩师友人提供的工作调动机会。在一篇文章中先生曾动情地提到，盼望提前退休的三大原因之一便是要帮整日忙于作业和应付考试的女儿饲养小动物，羡煞同样为人女的我们，此时先生更是得意地说道"小女从小就呼我阿郭"，以显父女之乐。

先生是个重情义之人，受人点滴之惠，也必谨记于心。对几位师长的知遇之恩，先生更是念念不忘，并视走近这些恩师为人生的转机。仅仅因为是恩师林增平先生亲笔推荐，先生曾在开山新建的湘潭师范学院一待就是八年之久，在那偏僻的学校为学生、为学校投入了极大的心力，即使在很大程度上影响了自己与主流学术对话的精力，也无怨无悔。这便是认真，且充满激情的生活。

当我们说到自己才小小年纪，就为失去了那种激情而倍感无力之时，先生只说，现在他几乎每天早上都坚持骑车出去"自在一番"——就在我们对之有诸多怨言的昌平。这大概是先生其文其人始终流露着鲜活浪漫气息的原因吧。一切皆源自生活。

一个自称"教员"的先生

在几个小时的谈话中，先生最得意之时是在谈及学生的时候。虽已身为博导，先生却只以"教员"自称。其因学识风骨气度，在学生中声名赫赫。有关先生去留问题，曾在浙大校园里掀起不小波澜，校园网上的大讨论，由大诘问"郭世佑要走？"到大惊叹"郭世佑走了？"浙大学子之心酸之叹惋，日月可鉴。蔡元培先生曾说过，"能培育出值得自己敬佩的学生才是先生最大的骄傲"，除了那些已然在各个行业崭露头角的学生，先生还能欣慰地回忆起，"非典"期间风雨无阻前来听课的那位浙大中文系的男生；从东北来听课的不知名的旁听生；从新疆来的那位进修教师；南方冬天零度以下且没有暖气的阶教里站几个小时听他讲座的学生；以及费尽心机以各种方式苦苦挽留他的可爱的浙大学生。听着先生如数家珍的回忆，我们在感动之余也很惊奇，因为一直以为老师不会在意台下的我们。不知道法大那常常拥挤的课堂上，被簇拥着的老师是否记得我们？不过确信的就是，如今的法大多了一位这样的老师。

话题转移到师生身上，先生的话语更加连贯了，显然自有一套规矩在心中。面对还远算不上是他的学生的我们，先生也开始了读书、学问、做人的谆谆教诲，几句点拨如和风化雨。当我们介绍昌平的风景时，先生又主动记下了我们的联系方式，约定以后同游。我们只有感动，曾几何时我们已不敢奢望"一党师友，冷风热血，洗涤乾坤"的岁月。是否我们也应该寻找一些重获激情的转机了！

没有刻意的安排，谈话自然地以师生话题结束，道别的时候我们很矫情地说道，不管是阴差还是阳错，先生到了法大就是缘分。先生笑着说我们很灵光，我们惶恐不知褒贬。其实我们只是希望先生能多喜欢法大一分，能让我们有更多时间与空间濡染先生的风采。

我们常说大学者，非谓有大楼之谓也，有大师之谓也。在这并不广阔的法大一方天地中，每当感觉迷茫苦闷之时，偶识一两位好的先生，便有如获珍宝、柳暗花明之感。而郭世佑对于广大学子来说便是这样的存在。

宏　结

生命流淌着隽永的歌

文/何斌瑜

宏结，中国政法大学商学院教授，中国国际贸易学会理事，北京市经济学总会理事。1986 年起便任教于中国政法大学，从事国际经济学的讲授。其善于用生活化的语言给学生传授学术化的思想，"法商结合"的教学方式更是吸引了诸多法大学子。于 2002 年当选为第一届"最受本科生欢迎的十位老师"。

一头清爽的短发，一身素雅的连衣裙，一张精神饱满的笑脸，这就是宏结老师给人的第一印象。她那富有都市气息的自信与气质，让你完全想象不到她已是四十出头的人了。拥有健康的心态，宽容的胸怀，这大概就是宏结老师虽从事教师这种累心的行业却能保持年轻的秘诀吧！

不解之缘——今生注定是教师

很多人都以为大学教师是个很轻松的职业——每周只上一天的课，不但有双休日，每年还有三个月的带薪假期，看似相当轻松。其实不然，教师的压力都是隐形的，而且更多的是心理压力。和别的职业不同的是，老师是不能停歇的，"当老师没有到头的时候，总是有一种没有完成家庭作业的感觉"，宏结老师解释说，"国际经济学本身就是一门枯燥而且难懂的课程，作为老师，既不能通过给学生瞎编故事来吸引他们的兴趣，又必须向他们传授知识的精髓并且要让他们理解和接受，因此做老师需要花很大的心思"。这或许就是宏结老师的课为什么总是那么受学生欢迎的一个原因吧！她总是想方设法去集中学生的注意力，去寻找学生的兴趣点，去帮助学生赶走瞌睡因子……当老师最害怕的大概就是被学生当场难住了，可是宏结老师从事教学工作二十多年来从未被学生难倒过，其中究竟有什么秘诀呢？她笑着对记者说："其实这些情况我在梦里经常碰到，比如忘带讲稿啦，学生给你难堪啦，等等。所以我是在梦里就做好准备了！"

宏结老师是在老师堆里长大的孩子，母亲和两个舅舅都是老师。按常理，当老师的都不希望自己的孩子从事自己的行业。宏老师的母亲也一样，一直反对她做一名老师，因为她切身地体会到做老师实在太累了！可是，宏结老师最终还是走上了教书育人的道路。

由于出生在一个教师的家庭，多少会受到母亲的影响，宏结老师在年少的时候就显示出了当老师的天赋。当笔者问到她为什么要选择这个行业的时候，她很自信地说："我觉得我很适合当老师，而且能当一个把书教好的老师！"宏结老师回忆说，她在上初中的时候就曾经给那些因文革而中断了学习的人讲高中的数学课，而且讲得有条有理，当时那些学生听了之后都说她比老师讲得还好，因为她能把抽象的知识讲具体、讲明白，能让别人理解和接受。这对于一名老师来说是最重要的。

法商互动——在法学的缝隙独行

"我们生活在一个法学的环境里，讲经济学一定要结合我们学校的特点，充分考虑我们学校的法学背景"，宏结老师总结多年的教学经验时说。因为宏老师所面对的多是主修法学专业的学生，他们基本不具备经济学知识。何况，国际经济学是社会科学中最难的课程之一，因为它最早引入了数学，具有数学的性质，而数学又是商科里最令人头疼的问题。再者，法学本身属于文科类学科，学生不太具备数学的敏感性。所以，给这样的学生讲经济学是极具挑战性的。

那宏结老师是怎么将这两门看似没什么联系的学科结合起来的呢？

其实，对于法学与经济学的关系，宏老师有自己独到的见解："法学背后的原因是什么？是经济学！法律接触最多的问题是什么？是经济问题！而经济学研究的是什么？是法背后的原因，法律条文就是针对经济的原因而制定的。"这是宏老师多年从事经济学研究得出的结论，或许也是中国政法大学的经济学老师所特有的法商结合的观念吧。宏老师经常对她的学生讲，学习经济学不仅能促进法学专业的学习，还能帮助大家将来走出社会找工作，因为经济学的原理和特有的数学思维方式能锻炼理性思维，运用经济学的原理甚至可以解决很多生活上的问题。

2003 年，法大首创了国际商务这个专业。当时的创办理念就是要培养法商结合的复合型人才。这个专业的设立就是由宏结老师负责的，作为法大经济学领域的一位资深老师，宏结为这个专业的教学倾注了大量的心血，学校为此还专门设立了国际商务研究室，为这个新兴专业增添更好的硬件设施。调查显示，国际商务专业毕业的学生就业情况非常乐观，普遍分散于税务局、建设银行、招商银行、会计师事务所以及海关等令众多毕业生向往的地方。说到这里，宏老师特别自豪地和笔者谈起了她的一个得意门生，作为一个政法学校的经济学本科毕业生，他同时被招商银行总行和美国一家著名会计师事务所看中，让一些经济学院校毕业的研究生都望尘莫及。自己的学生能在社会上得到认可和肯定，这是宏结老师最感欣慰的事了，谈起这些她总是满脸的笑容……

永不停步——"让自己做到最好"

今年四十多岁的宏结老师，现在是北京师范大学的在读博士。或许很多人都不能理解，到了这个年龄了为什么还要考博？众所周知，这个时候考博是相当有压力的，而且还是考外校的博士。宏老师也坦言，这几年是她一生中最难熬的日子。首先，她必须把学生教好，这是本职工作；其次，作为女人她要照顾自己的家庭，要教育好自己的孩子；再加上每天还要抽出时间准备考博，这三方面的压力足可把一个人压垮……可是宏结老师还是选择了坚持，她紧紧抓住自己的每一分每一秒：白天上课，不耽误学生的每一节课程；晚上学习，灯下看书到深夜……此般执着，连她的博士生导师也被她打动了。

其实，从本科到博士，宏结老师的求学之路走得并不平坦。1986年，宏老师从北京师范大学国际经济学专业毕业，被分配到了中国政法大学讲授国际经济学，由于宏老师的本科专业是经济地理，所以要从事国际经济学的教学就必须再去学习，给自己充电。而当时我们学校的经济类学科的师资和设备都极其有限，这样的问题在本校不可能得到解决，要想获取更多的经济学方面的知识就只能到别的学校去学习。但宏老师没有抱怨一句，办法是要靠人想出来的，于是宏老师决定利用工作之余到北京大学去"蹭课"。身兼学生和老师的双重身份，宏老师凭着自己的勤奋和聪慧大量汲取了北大国际经济学的精髓，并把它带到了法大。

宏老师一生没有什么座右铭，她心里想的只有一件事——"让自己做到最好"。

作为一名老师，尤其是一名女老师，在工作和家庭发生冲突时必须有所舍弃。孩子生病了，而自己要赶着上课怎么办？这是最常见也是最古老的话题，孩子重要还是学生重要？"只能先上课，孩子回头再想。哪怕是自己病了，只要还没倒下，就不能耽误学生的课！"这是宏结老师给我们的回答。其实，这样的事在宏老师身上确实发生过。有一次，女儿发烧了，在课间打电话来说："妈妈，我现在特别难受，你来接我回家吧！"宏老师只说了一句："妈妈现在接不了你，你先忍忍，叫老师给你点药吃。"一直等到下午上完课，她才匆匆赶到学校接女儿去医院。还有一次，女儿发高烧，而且当时正值"非典"时期，她只好给女儿喂点药，把她关在家里头，自己去给学生上课。后来让女儿的班主任知道了，班主任打电话来说："以后要是再碰上这样的事，你就干脆把孩子送到学校来，我们帮你看着。"作为一个母亲，听到这样的话很是心酸。可是，她是一名老师，她面对的是几百个母亲的孩子……

良师益友——此般独具风格

如果要用一个词来形容宏结老师与学生的关系，"良师益友"是最恰当不过的了。对待学生宏老师从来不压制，总是给予学生充分的自由，让他们随着自己的兴趣和理想自由地发展，让他们主动地寻找方向，走自己的路。但对于一些原则问题宏老师可是从不让步，该严格的时候决不纵容。所以有的学生评价她："玩起来的时候是最爱玩的老师，严格起来的时候是最严格的老师。"虽然对学生要求严格，但宏老师从来不动怒，对不听话的学生她总是"动之以情，晓之以理"。严格是因为原则问题不能让步，而宽容，才是宏老师的善良本性。

作为良师，她总是想方设法让学生更好地接受和吸收知识。听过宏老师课的人都有同感：生活化的语言，学术化的思想。对于经济学这样一门理论性极强的课程，学生听课是最容易走神的，而且讲授的知识也不容易理解。要对学生负责就必须让他们能真正地理解自己学的是什么，这是对老师的考验。我们从选宏结老师这门课的学生人数可以看出，她在这方面是做得很成功的。连她的女儿也曾说："妈妈，您的课讲得太好了，做您的学生真幸福！"谈起自己的讲课风格，宏老师不禁想起了自己的恩师——邬名扬教授。邬名扬教授是法大德高望重的老师。宏老师感慨地说："他当时告诉我两句话我至今还记得，一是深入浅出，二是雅俗共赏。"正是这八个字，让宏结老师记住了邬名扬教授，也让法大人记住了宏结老师。

作为益友，宏结老师不仅从生活上、学习上关心自己的学生，还特别从思想上、心理上引导他们。宏老师很讲究"因材施教"，法大学生有自己的特点，由于自身特殊的学科背景，法大学生整体上学术研究的氛围不浓，但学生的实践能力强，容易适应社会。这是他们的优点也是他们的缺点。因为课外生活很丰富，所以用于学术钻研的时间就少了。因此，法大的学生少了几分书生气，却多了几分社会气息。"对于这样的学生，不能压抑他们，要给他们足够的发展空间"，宏结老师说，"比如谈恋爱，你越是阻止他，他越要谈。人都有这样的心理，越是得不到的东西就越想要得到，所以我从来都不阻止他们谈恋爱。但有两点要注意，一是不能影响学习，二是不要有碍观瞻。"宏老师还用经济学的原理给学生分析恋爱问题，让学生听得津津有味。这就是宏结老师的风格，随时随地让学生接受经济学的知识，把抽象的理论知识贯穿到日常生活中，真正做到理论联系实际，让学生从身边的琐事中学到经济学的原理。

2002 年，宏结老师被学生自发评为了"最受本科生欢迎的十位老师"之一，当笔者问及她对这样的评价有何感想时，她说："这是我这么多年来作为一名老师最有成就感的事！"

寄语新生

当我去外地招生宣传的时候，我才知道原来有那么多考生渴望考入中国政法大学，有那么多人为没能考取法大而遗憾。所以，我要向所有新生说的第一句话是，衷心地祝贺你们，通过艰苦的努力终于成为法大的一员，能够成为法大的一员是何等幸福的一件事啊！希望你们珍惜你所拥有的机会。

第二句话，大学是人生的起点而不是终点。经过炼狱般的高三，你们就像是刚冲出樊笼的小鸟，带着些许渴望与畏惧，远离父母和亲人，来到了一个全新的环境。这里没有了规定好的学习、生活模式，多了份自主，多了份独立。衷心希望你们能很好地利用自己的自主权，为今后的人生奠定好基础。

最后，祝所有新生都有一个快乐、难忘的大学时代。

洪道德

润物细无声

文/赵文琦

洪道德，法学博士，1985 年研究生毕业留校工作，现已退休。退休前任职于中国政法大学刑事司法学院，刑事诉讼法教授。曾任刑事司法学院学术委员会主席，九三学社中央社会与法制委员会副主任。他一直从事刑事诉讼法学、证据法学等学科的教学工作，其授课密切联系专业的社会需求，充分尊重学生的需要，讲课颇具针对性。于 2008 年当选为第三届"最受本科生欢迎的十位老师"。

采访中，洪道德老师给记者留下了这样深刻的印象：事事从学生的角度出发、处处围绕教书育人。洪老师是一个内敛的人，他并不会把对学生的关爱挂在嘴边，而是在教学工作的一点一滴中展现。至于讲课的内容和讲课的方法，好的老师都有自己的风格，洪老师备课的时候总是会将自己设想成一个初涉这门学科的学生，这样准备出来的课就能更好地贴近学生。洪老师说，学生是很善良的，老师教书育人，也要处处为学生着想。如此，学生自然会尊师重道。

洪老师的教学原则就是注意学生的需要，结合专业的社会需求，做到充分利用课堂时间。

"第一，要有一份尽职尽责的心；第二，讲课要有针对性，知识是无穷无尽的，要在有限的课堂时间中传达更多的有效信息；第三，教学方法方面，要深入浅出，在保证知识容量的基础上，让大家能够理解并且觉得不枯燥。"在教学方面，洪老师有这样的心得。

因为授课侧重对司法考试的讲解，洪老师的授课风格曾遭遇过质疑。但他认为，对于法学专业的学生，以后从事相关工作，司法考试是必须跨越的门槛，刑事诉讼法是必考的科目之一。法学基础学习是很重要的，现行法律的规定是基础内容，初学者即使能够了解其大意，但是要达到融会贯通，仍需要一个指引者，把庞大的知识群串联起来，形成一个科学、有脉络的知识系统。这对于法学专业的学生以后从事法律工作有很大帮助。而这个引导工作就是老师的责任。

洪老师认为，对学生大学学习影响最大、最直接的就是课堂教学了。然而大学时间很短暂，要学习的东西却很多，分配给某一门学科的某一位老师的课堂教学时间是相当有限的。因此，洪老师争取在课堂教学中做到精益求精，完善每一个细节，充分利用课堂上的每一分钟。

洪道德老师有一个在上课前测试话筒的习惯，对此，他解释道："以前由于上课话筒突然坏了，需要找工作人员进行修理，很浪费时间，因此就形成了这个习惯。"上课时，他不浪费上课的一分一秒，除了适当活跃课堂气氛，不谈与课堂教学内容无关的事情，尽量充分利用有限的时间为学生讲授知识、答疑解惑。

这些微乎其微的细节体现了这位带着孩子般笑容的老师对学生最真挚的关爱和对教书育人的热爱。

在第一节课上，这位讲台上的老师就将他的手机号码、邮箱等联系方式告诉了学生，洪老师并没有太多顾虑，他认为，课上的学生太多，老师往往没有足够的时间一一解答每一个学生的问题。学生不会无缘无故发短信，一定是经过谨慎思考的。法学是一门逻辑性很强、注重理解的学科，而学校没有教学的助教，为学生答疑解惑。如果疑问和不解日积月累，学生对知识不能较好地把握，何谈对所学的学科产生浓厚的学术兴趣？洪老师说，通过短信、电子邮件问答学生的提问，也是教书育人，这些方式增加了师生之间的互动和沟通，有利于课堂教学的开展。

"我们上大学的时候，学校里人比现在少得多，考试大多都是口试，老师会提出问题，考生先表达自己的观点，再由老师讲解，这种互动的方式很能引发学生的深度思考。现在学生人数太多，不可能这样，但是这种一问一答的学习方式还是很重要的。"

有人认为，对于如今的大学教师，下课铃一响就是自己的私人时间了。洪老师不以为然，他坚持把教学当作自己生活的一部分，愿意牺牲自己的休息时间，将教书育人带到课堂之外。

洪老师在学校"大学生成长沙龙"上讲述了自己的人生经历，对如何有意义地度过大学时光提出了一些自己独到的见解。

大学是积累专业知识的大讲堂，同时也是走向社会的预科班。他认为，大学有两样任务：学习知识以及锻炼处理问题的能力。对此，洪老师曾经讲过一个关于两个研究生"称猫"的小故事。他通过这个可笑却发人深省的故事告诉学生：知识的积累并不一定随之带来能力的提高，要积极参加各种实践活动，这样才能不断提高综合能力。

关于提高自身的技能，他告诫学生不要死读书，"读书本身就要活"。学而时习之，将学习和思考结合起来，而书本知识变成自身技能的过程就是锻炼、提高的过程。洪老师也觉得，阅读名著有助于提升自身的道德修养，阅读专业书籍有助于提高自身的知识领悟力。

"大学里，参加一些社团活动、实践活动、社会活动，也有助于能力的提高。"对于参加课外活动，洪老师提出了一些建议："你们可以针对自己的弱点，结合自己以后可能从事的工作，有针对性地参加一些社团活动、社会活动。此外，也可以从促进自己的兴趣和才能的角度出发，发展属于自己的特长，因为职业对人的需求是多方面的，特长对于以后的工作总是有好处的。"

在进行刑法总论的专业学习时，洪道德得到了高铭暄教授的教导。高老师在做人、为师上对洪道德产生了很大的影响。当学生的时候，洪道德常常提出自己的疑问，高老师总会很耐心地解答，有时会出现师生互相探讨的情况。高老师总会先表扬他能够提出问题，因为先有思考才有问题，接着会解释这个问题实际是不存在的并说明原因。这种教学方式让他受益匪浅。因此，已经站上讲台的洪道德，对学生的提问总是表现得耐心和虚心，从始至终体现出一种对学生思考问题的鼓励。

选择教师这一职业，也受到了恩师的指点。1985 年研究生毕业时，国内研究生还是很稀少的，当时陈光中老师细致分析了洪道德的性格特点和学术能力，建议他走上讲台授课。走上讲台的洪道德，听到最多的称呼就是"洪老师"了，他感受到了自己责任重大，也学会了事事从学生的角度出发、处处围绕教书育人这个中心。

这就是洪道德，一位事事从学生的角度出发、处处围绕教书育人这个中心的教书匠，他以最直接、最朴实的方式演绎着"润物细无声"。

黄　东

黄冠野服史家晦朔，东风化雨法大春秋

文/罗雨荔

　　黄东，中国政法大学马克思主义学院副教授、硕士生导师，北京市企业文化研究会、北京市思想政治工作研究会研究员，首都师范大学中国近现代社会文化史研究中心特约研究员。其思政课课堂的一大特色是"讲有内涵、有意义、有价值的段子"，也因此，其在法大学子中积累了超高人气。于2011年、2013年、2015年、2017年连续当选为第四届、第五届、第六届、第七届"最受本科生欢迎的十位老师"。

　　敢问：在法大，什么最能直接体现一位老师的人气？

　　答曰：掉课率。

　　在2015年春季学期的选课过程中，因选课系统出现了问题，"《国史大纲》导读"一课原为100人的课容量一度变成了"10"。然而，同学们惊奇地发现，即便是在这样的情形下，预选阶段也仍有110余位同学甘冒"1：11"的掉课率选了此门课程，只为能做一回黄东老师的学生。

　　总是以"黄胖子"戏称自己的他，在各种推荐选课的资料中，都无一例外被师兄师姐加上强烈推荐的着重号；而第六届"最受本科生欢迎的十位老师"预选统票时，负责统计票数的同学更是惊异于他无论在哪个学院的选票中都一律名列前茅的超高人气。这位在"全民皆法"

的法大里教授着历史课程的老师，以他幽默风趣的课堂风格与实打实的课程内涵，赢得了全校同学的一致好评。

为人师者——从"拢住"学生到"迷住"学生

众所周知，法大是一所并未专门开设历史系的高校。在大多数人眼中，虽然作为中国法学教育最高学府的法大可以当之无愧地宣称自己是法科学人的乌托邦，但对于一位研习历史的老师来说，它能否算是上佳的选择，这一点着实有待商榷。然而，一直认为"搞研究应当是自己的事"的黄东当初所考虑的却要简单得多：看中法大浓浓的人文氛围且一心想从教的他认为，在法大工作，应当能成为给他足够成就感的事儿。至于没有一个强大的历史系作为后盾，虽有其遗憾之处，却也代表着更大的学术自主度。经过一番综合考量，原本与城区一所高校几近签约的黄东还是选择了来到昌平、来到法大，也就此开始了他超高人气积攒的道路。

最初的时候，黄东只从事"中国近现代史纲要"这一门思政必修课程的教学工作。坦承自己在大学阶段也是个爱逃课的学生的他当然知道，"中国近现代纲要"的课程性质决定着上这门课的同学其实并不见得对它有多大的兴趣爱好，大多都只是将其当成一种任务来完成，所以在对待课程的态度上，他们难免或多或少有些马马虎虎。对初出茅庐的他来讲，对学生缺席、逃课这一点的担忧，着实让他忐忑几度。但结合对自己学生时代的经历的回忆，黄东认为，同学们逃课与否，还是在于课堂本身的好坏。这时，"拢住"学生，让学生乐于来听课，变成了他要着重考虑的东西。正因如此，"讲有内涵、有意义、有价值的段子"也就成了黄东课堂的一大特色。这位从天而降的新新"段子手"，让习惯性地将"中国近现代史纲要"视作乏味之代名词的同学们惊喜地发现，原来思政课也可以被上得如此妙趣横生、别有意味。

时光悠悠，年华渐逝。在一载又一载对"中国近现代史纲要"这一课程的教授中，走入中年的黄东对其教学工作也逐渐有了新的思考。他日益认识到，教学本是自己丰富人生的过程，本是传道者自己读书、观察世事有所得后与学生的分享。老师要做的，不应该是简单地去迎合学生对于哈哈一笑的需求，而是在使自己享受教学工作的同时，将自己的所思所想呈现给学生。一堂吸引学生的课，除了要有轻松、有趣味的课堂氛围，更应当有扎扎实实的"真东西"，让课堂成为老师展示自己、愉悦自身、启迪学生的舞台。这样一来，"段子手"课上的"段子"渐渐较初始少了，而多出来的，则是"干货"。然而我们看到，同学们对"东哥"课程的青睐并未因此而减少，每到选课之时，他的课也仍旧不改"一课难求"的火爆场面。法大学子着实如他期待的那样，不仅爱听黄东老师讲有料有味的"段子"，更爱听黄东老师讲有意义、有启发的真历史。

黄东笑着说，事实已然证明，当初他选择法大这一决定的正确性。而同时，法大，也因有了黄东这样一位备受同学们欢迎的好老师而更添了一分别样的色彩。

教学相长——在讲课里修炼自身

谈及自己在教学工作中的收获，惯于嘻嘻哈哈的"东哥"颇为潇洒地抛出一句"我觉得我变强了耶"。这里的变强，不仅言及上文提到的其对教学工作本身认识的加深，更指向其自身对历史这一学科的认识与研究之深入。

他告诉我们，历史跟相声类似，是一门门槛在门里的学问。看起来谁都能说个子午卯酉，但其实门后高峰林立，没有大量的阅读和长期的体味很难做到有所成就。在这个泛信息化的时代里，对历史有兴趣的同学们，很轻易地便可以通过网络了解到基本的历史常识，而老师们要做的，从来都不应当是与百科、知乎等拼信息量；更不应该只是简单从网络搜集信息来糊弄学生；同时，法大学子们自身较高的人文底蕴也注定了其对老师们的高要求，他们期待老师们能通过课堂将自己独到的思考展现出来，这也对老师的教学工作提出了挑战。

而如今的历史学更像是一个培养专才的学科，历史学方面的学者往往更倾向于对某一年代的专题研究，而对其他时期的了解并不深入。对于黄东，情况亦是如此。庆幸的是，来自首都师范大学文史哲基地班的他，本科阶段有着较为博杂的历史积淀，奉行着凡事要做则做到极致的原则，他也当然不愿意对自己的课堂草草敷衍。他明白，只有亲自去阅读原始的历史资料，才可能对相关历史问题有属于自己的见解，而不只是对他人观点的总结与转述。于是，在对课程内容的准备工作中，黄东自己也完成了其对中国近现代史更通贯化的认识，在学术之路上走得更远。

2008 年前后，机缘巧合，黄东又接下一门新课——"中国近现代政治人物评析"。本着负责的态度，第一学期，他只选取了他最熟悉的三个人物——曾国藩、慈禧与毛泽东——来展开课堂。参考授课过程中收集到的同学意见，黄东又开始着手对同学们与他自己都感兴趣的人物展开了深入研究，要求自己去阅读与一位位在课程中准备引入的人物有关的原始史料，去把握学界对此人物的研究成果，力求做到在不人云亦云的同时，使课堂内容更加充实。

2015 年春季学期，学校决定增设"校长推荐书目"导读课程。黄东作为该课程任课老师之一，被要求任选书目中的一本为同学们上导读课。本可以选择内容更简单、历史观更明确、他自己也更容易把握的蒋廷黻先生所著的《中国近代史》一书；然而，抱着借此机会挑战自己的心态，黄东最终选择了承担钱穆先生所著的《国史大纲》导读课程的教授工作。他希望能够借此机会，让自己对中华历史有一个通贯性的把握；能够在与学生交流、替学生答疑解惑的同时，看到自己原来不曾看到的或者思考不透的中国历史方面的问题。

黄东笑着说，他想看看，若是教此课程到五十岁，自己能不能也写出一本《国史纲要》之类的学术著作，把自己在课程中的收获交由时光来检验其价值。

以史立身——"段子手"的华丽转身

自"《国史大纲》导读"开课以来，一学期的时光已经从指尖溜走。选了这门课的同学们纷纷表示，他们已然可以清晰地感受到，面对本门课程的黄东与面对中国近现代史纲要的黄东，有着全然不同的气场。那位曾经以"段子手"著称的"黄胖子"，此刻正展露出他"殿阁大学士"的风采；有同学更是半开玩笑地调侃他为"有着名士之风的胖子"。

对此，黄东自己这样说："《国史大纲》导读"是作为全校的通选课来开设的，同学们之所以会选择它，也是基于自己对历史的兴趣与爱好；而《国史大纲》的内容，也是作为他的立身之本的历史学。既然学生与老师来到这个课堂上，都是出于对历史的兴趣而非完成学校思政课程的要求，黄东当然希望，他能够将对历史学更深入、严谨的一面展现给大家。

同时，他还坦言，在未来，东哥还会有更大的风格变化等待着同学们去品味。下个学期，他将把一百人的课容缩减至三十人，在本门课程的学术性上下功夫、做文章，对选了课的同学实施更严格的要求。五篇读书心得笔记，课堂随机讨论，大量拓展书目的阅读，对出勤率的严加把控……说起这一系列的要求，黄东自己都笑侃其为对选课同学的"摧残"。他希望，通过这般"摧残"的磨砺后，上了这门课的同学，都能真正做到学东西、长本事。他直言道："法大的学生确实都很优秀，而我也更希望他们不要浪费这样的优秀；很多学生读的书，还远远不够。"

选课开始前，黄东让自己以前的学生将这门课程的新要求广为转发，以求做到选课的人都是真真正正的历史爱好者，让这门课程的开展能变成"周瑜打黄盖"——每一个"挨打"的学生，都心甘情愿地为之付出辛劳，也将有所收获。想看看"段子手"东哥变成"杀手"东哥后，还有没有学生愿意听课？他不需担心，"《国史大纲》导读"仍如往常一样呈现出"爆课"的态势，仍如往常一样"一课难求"。

当得知这般选课盛况时，他不无欣喜地说："即使没有历史系，法大也同样有那么多重视历史、愿意学习历史的同学。"这也无疑告诉我们，他对自己最初选择法大的无悔。在黄东看来，专业课程的学习，也许是让你在短时间之内更有形可感地接近自己的目标，接近自己赖以生存的"饭碗"，而其他人文社科课程的学习，则将于不知不觉中帮助学生完成对自身涵养的提高。他始终希望学生们能认识到，只有"法"、只学"法"是远远不够的，法学的学习亦需要人文学科的支撑，而阅读，更应被当作一个人终身的喜好。黄东告诉我们，一直以来，他都赞成将文史哲类课程面向全校同学开设，让不同专业的同学都能选择。

几度花开、几许叶落。在 2015 年的夏天，在第六届"最受本科生欢迎的十位老师"的评选中，我们看到，黄东老师凭着他的超高人气，再一次毫无悬念地当选。让我们在道一句恭贺的同时，也不忘祝福——祝福未来的他能完成自己于五十岁之时著书立言的计划，在史学之峰的攀登路上，且行且歌。

姜振宇

行走，在如风的岁月

文/文乃斐

姜振宇，2000 年毕业于中国人民大学经济信息管理专业，同年进入中国政法大学任教，2010 年获得北京师范大学数字媒体方向博士学位，曾就职于中国政法大学光明新闻传播学院从事网络与新媒体研究。主要研究领域是数字媒体技术、心理应激微反应。担任中国刑事科学技术协会心理测试专业委员会会员、江苏省宜兴市人民检察院顾问、中国纪检监察学院特邀教师等。著有《微反应》《微表情》等，发表《三网融合对文化产业的影响》等学术论文，主持《法律信息数据的深度挖掘》等多项课题研究。于 2006 年当选第二届"最受本科生欢迎的十位老师"。

"在法大这片帅哥的荒野，有的老师是不能错过的——一米八以上的海拔，可爱的大男孩脸，超级 gentleman，笑容中蕴藏的电流至少几十亿安培。"

"你会发现这位老师主动提倡学生戴着耳机边听音乐边听课，然后还能让你一个学期学会 FLASH，学会连局域网，做黑客，精彩真是不容错过。"

"他讲课幽默风趣，能学到的东西很多很实用。不只是女生喜欢他的课，很多男生也喜欢上他的课！他是实力派兼偶像派的！"

他不是"快男超女"，也从来不曾站在央视的百家讲坛上，但他却同样拥有着一大堆的铁杆粉丝，疯狂地在学校的 BBS 上为他留言拉票，对他的支持永增不减。

这帮粉丝都是他的学生，有着一个共同的名字——"江米团"。

"江米团"的一大家子都是他的学生，有着一个共同的偶像——姜振宇。

高中毕业后，离开油田来到北京

1979 年 2 月，姜振宇出生，籍贯河北，成长在天津。当你问起来，他会做一个小小的强调，说他并非在天津城市里长大，而是在油田，大港油田。

在油田里成长，他的生活快乐且充实。自小成绩优异，每天总背着小书包上学，也总是按时回家，从不让家里人担心。与电脑的邂逅是在小学，他在课堂里使用苹果 II，学会了一些简单的编程，还深深地被软盘里装着的游戏吸引。小小的软盘竟能装下偌大的游戏，而且有斑斓的画面、令人惊奇的声音，轻轻敲击键盘，竟还能得到迅速的回应。这些神秘莫测的事物让他生出些许好奇，兴趣就从这般邂逅开始。

时间像大港油田的风一样，疾走。他轻松而快乐地念过小学和中学，直到高考填报志愿。由于高考分数与清华大学的录取分数线还有着一段差距，他只能选择一个相对有把握的专业，在当时说来比较新鲜的计算机专业，让从小就喜欢新尝试的他甚是喜爱，而曾经的那场邂逅或也在他的意识里渐渐蔓延开来。

中国人民大学，经济信息管理专业——他一笔一画地在自己的第一志愿栏里写下。即使这不是人大最好的专业，但在他看来，又何尝不是满足。

老师的影响力

大学期间，他一如既往，像大港油田的风一样，轻快且自由。拥有了很多可供自己支配的时间，他明白如何找寻最大的发展空间。

正值大一，中关村还正处于"和农村差不多"的阶段，他去那里给一家杂志社发广告。他至今还能够清晰地回忆起来，是在大柳树一带，第一次去时因为堵车，他还迟到了。与此同时，中关村的地形深深地刻在了他的脑子里，哪里有什么公司，哪里有什么企业，包括一些好玩新奇的小店，满足了他不少的好奇心。

大学让他年少的心，呼啦啦地飞驰。每逢上课，阳光总从窗外投射进来，在课桌上细细碎碎地挪开步子，讲台上名师每一刻的眉飞色舞都让他受益匪浅。那些出色的授课理念和别样的讲课风格，那些儒雅的风度和高贵的品格，从此刻起，他铭记在心。而专业课里仍有不够吸引人的老师，这让他感慨对此毫无办法的同时，获得了一些新的启示。

"令人乏味的老师误人子弟，被误的人一点办法都没有，就是现在，对于不好好上课的老师，国家、教育部、学校也没有成文的规定能够采取措施，大家都认为学不好就是学生自己的事情，其实情况并非如此，有时候，老师的一个微笑就能改变一个学生的人生轨迹。"

或许，就从此刻开始，他在自己的心里就有了一个评价老师好坏的界定标准，他开始懂得怎样成为一个能够吸引学生听课的老师。

希望自己能成为一个好老师

2000 年，姜振宇在中国人民大学毕业，同年进入法大任教，但其实来此之前，他也曾犹豫过。

一家公司给了他很丰厚的报酬，而他的专业开始的课程本来也就是经济类和计算机类各占一半，恰好适合，况且做一名企业家还是他最初的梦想，若是接受这个聘任刚好能为他以后梦想的实现提供宝贵经验。然而，他还是放弃了。

实际上，他心仪大学教师这一职业已很久，这不仅是因为在短时间内教会学生某一操作技术获得的满足，也不仅因为有着可以供自己自由支配的大量时间，让本就崇尚自由的他可以选择做什么、不做什么，更重要的是大学教师的职业能使他在任何时候，都能和优秀的年轻人接触，使生活更快乐，心态更年轻。

"真正优秀的老师，会让学生快乐地学到知识和做人的道理，让学习成为最大的乐趣，而且往往还在人格上影响着学生。"

他深深明白这一点，也明显地感受到优秀老师与普通老师的差距，便希望有那么一天，他能成为自己心目中最棒的老师。

只好变形成幼儿园阿姨

"如果要说简单一点的话，区分老师的优秀与否就只有一条：老师有没有设法让学生尽快学会知识。"姜振宇一直这样认为。

因此他从不"照本宣科"，在他的眼里，这无疑是在混时间，会使学生丧失学习的长久兴趣。他也从不训斥学生，优秀的老师一定是非常用心地在传达信息给学生，设法让学生能简单容易地、快乐地接受。

他，有着扎实的专业理论基础知识，对媒体技术独特的专业性和抽象性有着自己的见解。生动的比喻，耐心的讲解，间或插进的一些小幽默，理论与实践相结合，这些都使得复杂的专业问题变得易于理解和掌握，听他课的人根本不需要深厚的理论功底，总能够很简单轻松地听明白他在讲什么，从而获得知识。

校工会举办过两期教职工计算机培训，学员们都纷纷表示姜振宇的教学最为生动，易于接受，连一些计算机基础相对薄弱的老工会干部们都对他的教学赞不绝口。

在他的眼里，最可爱的永远都是学生，有着强烈的求知欲，善良而且勤奋。他愿意尽自己的最大努力帮助学生们缩短与成功的距离。而成功，或许只在一步之遥。

他很耐心，从没有人在他的脸上看到任何不耐烦的表情。有学生甚至说他耐心得简直就像幼儿园阿姨。

谈及此事，他幽默而深刻地解释，幼儿园阿姨那样无微不至的耐心状态，是照顾到幼儿的特点。他总牢牢记住这是教师应该做到的。"我的义务就是把要讲的东西让所有的学生弄明白，有的学生像幼儿，比如说，讲过一遍了，但学生自己没听，然后就在我刚刚讲完的时候问同样的问题，所以这时我只好变形成幼儿园阿姨。"

他认为自己最大的性格是"没性格"，喜欢的《金刚经》里所说的"无住"，也是他的人生信条。"如果真要说出个性格的话，也只是见不得不讲道理的，碰见不讲道理的我这暴脾气就要往上拱，而要是讲道理，自己再不舒服，也没脾气。"

"Hello，我是小姜"

如果说赢得一大票女生的支持或许源自他天生的英俊帅气，那么众多男生同样的大力支持就显得"不可思议"了。他堪称学生们大捧热捧的对象，几乎所有上过他课的人都为他的气宇和风度所折服，对他给予绝对意义上的支持。

2006 年他成立了传媒技术中心，为新闻学院新闻系学生提供专业技能的平台，由学生独立进行构思、拍摄和建立网站。一听说姜振宇是该中心的"老大"，报名人数立即爆满，就连那些最不关心社团活动的人也踊跃参加。那一年，姜振宇当之无愧地被评为"最受本科生欢迎的十位老师"之一，这让他深受感动。

由于人文学院新闻系专用机房电脑有限，只能优先满足新闻系学生的上课要求，其他学院在选媒体技术课时会有一定困难，因此，他向学生们承诺长期驻扎在 B309，所有感兴趣于传媒技术的人都可以前去与他讨论。

即使在寒暑假的休息期间，他也会耐心详细地解答同学们提出的有关计算机的问题，若同学们发来的短信他没及时回，便会主动回拨电话进行解释。

电话里，他说："Hello，我是小姜呐，你的短信我刚刚才看到，实在是对不起啊。"

人生有很多层面和内容，谋生只是最低层面的

计算机是技术，技术是谋生的手段，姜振宇这样解释计算机。他坦言这也正是他不能成为计算机高手的原因，因为真正的高手是以计算机

为艺术的。

虽然作为谋生手段来讲，计算机是他最喜欢的课程，尤其是多媒体技术，但就整个人生中的东西来讲，这个排名比较低。

他最初的梦想是做一名企业家，而现在的他成了教师，但是他并不会就此放弃年少的梦想。"人生就像正余弦曲线，有高低起伏，我们必然会遇到困难和挫折，要去经历和体验。"在面对人生中理想与现实间的差距、冲突时，他并不会抱怨他人、抱怨环境，只会改变此时的状态，继续努力地实现理想。

花同样的时间，可以做更多有意义的事情

这个阳光般的大男孩兴趣比较广泛，闲时，他健身、上网、看电影、听音乐，很懂得放松自己。

《黑客帝国》是他尤为推荐的电影，其中的经典台词他能倒背如流。这个不折不扣的铁杆"狱迷"，在《越狱》的原声碟发行不久时就迫不及待地将其中一段配乐设为手机铃声。好听的音乐他都比较喜欢，觉得王菲的嗓音很不错。

也曾玩网络游戏，不过后来他"改行"了，"网络游戏不过是经济链中的重要环节"，对他个人而言，这不仅浪费钱，还耗时间，利用这些时间他觉得自己可以做更多有意义的事情。针对大学生沉迷网络游戏的现象，他认为，以大学生的年龄和身份，如果把时间和精力仅仅放在看电视、打游戏上，就与其社会角色不相符。平常可以学一些专业方面的知识，找份相关的兼职工作或者去实习，这样既可以过得有意义，也能促进专业水平的提升，专业与兴趣统一在一起是一种最好的状态。

武术是他最大的人生享受，也是他自认为很有研究的体育活动。因为喜欢，小时候他就开始自学武术，精通散打、格雷西柔术和泰拳，除部分比较隐秘的传统武术之外，其他武术的各项分类也都比较了解。法大的学生参加"非常6+1"电视节目表演武术，还邀请了他去做评委。早在个人网站免费的时候，他就开设了有关武术的网站，访客遍及美国、澳大利亚、新加坡等地，在当时还狠狠地火了一把。

能文能武的他还欣赏佛教，对中国古典哲学有很大兴趣。冲着佛教文化而去，他在大学图书馆里看的一本书就是南怀瑾先生的《金刚经说什么》，从这本书开始，他渐渐理解金刚大义。

他总是觉得市面上好书不多，对于书也有自己的评价标准：一要言之有物，二要言简意赅。他会推荐《三国演义》里中华文明的大智慧，《时间简史》里的大科学。

寄语同学们

"非法学专业在以法学为主的法大中处于非主流地位，但实际上学习非法学专业并不意味着前途渺茫，关键是要调整自己的心态，不抵触自己现在的专业，在认真学习中不断摸索。现在所学的专业，以后将在社会上有怎样的地位还不能轻易断言，因此同学们更不应盲目地悲观。自信、开放、谦虚、谨慎、不骄不躁，放眼社会才是正确的态度。"

"人生怎么过都是过，所以不如积极地快乐地过，不过能够做到积极和快乐，是要经过磨练和学习的。如果你觉得痛苦，你要做的就是熬过去，积极地熬过去，然后你就会进步了。"

"最后要记住的是：开阔眼界。"

这是他，这是姜振宇。

时间像大港油田的风，疾走。

他也在疾走，像风一样，明朗而有目的地疾走，柔和而耐心地疾走。

焦洪昌

廿载杏坛苦耕耘，一片桃李笑春风

文/于吟月

焦洪昌，法学博士，1979年考入北京政法学院（中国政法大学前身）学习法律，1983年毕业留校任教。现为中国政法大学教授，法学院院长。专注宪法学、人权理论、宪政理论领域的研究，编撰或主编多部专业著作。焦洪昌怀着对学问的严谨态度，对教学的深深热爱，在三尺讲台上辛勤耕耘。于2002年当选为第一届"最受本科生欢迎的十位老师"。

初识焦洪昌教授，是在他的宪法课上。焦洪昌的课永远是那么火爆，偌大的阶梯教室里坐满了各年级的学生，其中有慕名而来的大一新同学，有听过课后不断来蹭课的大二大三老生，还有考研复习的大四学生。

"课讲得好，有些东西在大一时还觉得不以为然，到了后来越发觉得真是入木三分"，"幽默，能够调动我的学习兴趣，快乐学习嘛"……上过焦洪昌课程的同学对他的评价不尽相同，但有一点却在广大同学中达成共识：焦老师是"用心"在为大家讲课，他的课总是那么充实，那么引人入胜。听焦老师的第一堂课，我就被他的渊博学识和讲课的幽默生动所折服。走近焦老师，才知道他的幽默，他的渊博，是因为他始终有着自己的坚持，那是对学生的热爱，对事业的热情，对知识的渴望。

对学生，他呕心沥血，亦师亦友；对事业，他虚怀若谷，勇于开拓；对知识，他孜孜以求，永不懈怠。

一位学者和他的笔记本

这次采访，焦洪昌正在中共中央党校参加培训。一走进他的宿舍，就看见床头摆着厚厚的一摞书。而在书桌上则是一本又一本打开的笔记本，密密麻麻地写满了字。可以想象，在我到来之前他还在埋头案牍奋笔疾书。

"好脑袋不如烂笔头"，授业恩师廉希圣先生的这句话一直让焦洪昌印象十分深刻。很多时候，人们总是习惯于读、看，而留下与记下的却很少。于是，自那时起，不论何时何地，焦洪昌都会随身带一个笔记本。无论是开会还是阅读，听到或看到有用的东西他就随手记录：报章杂志上的言论，古籍著作上的教诲，论文专著上的学术观点……他的笔记本正面记录着在阅读时的心得体悟与随手记下的有用之才，反面则是日记式的人事杂思。"这是一种经历与知识的双重积累，每记完一本，都觉得自己又积累了一份财富。"焦洪昌若有所思地说，"其实，笔记就像是一种人生的写照。"

如今，在记笔记之外，焦洪昌还开通了微博。有时，他也会将当日所思所想所观所悟发在微博中，与大家分享。在焦洪昌看来，人生像是一本书，每天每个人都在给这本书增加自己的页码，若是能将每日的见闻感悟都记录下来，日后便是一部已然叙写好的自传。

诚然，记录已成为焦洪昌的一种习惯。而习惯，是有力量的。焦洪昌坦言，随着经历的增长，他愈发感受到了习惯的力量。只有更宽的眼界与更为深厚的底蕴才能带来更长远的发展，厚积方能薄发。随时记下有用之才，将会给自己积累下终身受益的财富与资源。而记录的习惯，在给予焦洪昌裨益的同时，也已成为他生活中不可或缺的一部分。"学而不厌，诲人不倦"，从事这么多年的教学工作，对于读书和学习，焦洪昌有着自己的心得，也是他给学生们的建议——就是蔡元培先生所说的，第一能专心，第二能动笔。一个人眼界宽了才能够有更大的发展，随时记下有用的东西将会给自己积累下终身受益的财富。

一个学生和两位恩师

焦洪昌 1979 年来到当时的北京政法学院学习法律，毕业后留校任教。他坦言，在 1983 年毕业时，很多人更偏向于去法院、检察院或当律师等，希望日后做实务性工作，而他却因自幼对老师一职的崇敬之心与教师生活的稳定规律，选择投身教育事业。同时他还笑称，当老师可以与学生在一起，生活会比较有激情。

在三十多年的教学生涯中，他对于自己的教学，总保持着一种近乎完美的追求。用他的话说，从怎么讲到讲什么，自己总在不断地摸索，不断地学习实践。而这种对于教学的研究，又总是无止境的。作为一位老师，首先要爱自己的学生。焦洪昌把自己对学生的满腔热爱都倾注在课堂教学上。

谈起自己的教学经验，焦洪昌说到了自己的两位授业恩师："在我听过的法学教授讲课中，最让我折服的是江平老师和吴家麟老师。他们虽然一个讲授民商法，一个讲授宪法，但他们共同的特点是，讲课声音洪亮、悦耳，思路清晰、连贯，语言流畅、优雅，思想开放、前卫。特别是他们的人格魅力，让学生倾倒。"

三十多年来，焦洪昌一直以他们为楷模，苦练基本功，塑造出了自己的讲课风格。听过焦洪昌课的同学普遍反映他的课"幽默生动，提纲挈领，直击主题，有深度，总是能结合当下最新的时事热点，向学生传递宪法的理念与知识"。不论多么大的教室，焦洪昌的课上总是坐满了学生，看着那一双双聚精会神的眼睛，他心中充满了自信与欣慰。2002年焦洪昌被评为"最受本科生欢迎的十位老师"之一，这是学生对老师的肯定，对于一位老师来说，这也是最好的回报。"学生们给我的荣誉永远是最珍贵的，有了他们的支持，我讲课就更有激情了！"

焦洪昌用自己幽默而流畅的教学风格向学生传授他的所有知识。然而他始终坚信，一个老师，教给学生的不仅仅是知识。当年江平老师和吴家麟老师在课堂上的一言一行都给了焦洪昌莫大的影响，如今自己在三尺讲台上耕耘三十多年，也有了自己对教师职业的一些感悟。学高为师，身正为范。教师不应该只教会学生专业知识，同时也要培养学生健全的品德和修养。焦洪昌无论在课堂内外都很注重自身的一言一行，通过自己的行动来影响学生们。"课堂上真正使同学们全神贯注的，往往是一个老师的人格魅力。"从焦洪昌的课堂上，学生们都可以感受到老师是在"用心"为自己讲课，面对这样一位严谨认真的老师，学生们怎能不用同样的严谨态度来对待这个学科？

在一次毕业生的欢送会上，焦洪昌送给同学们的毕业留言是："不论在天涯，不论在海角，老师们的心会陪伴在你们身旁；不论在何时，不论在何方，法大会永远祝福你们快乐健康。"这真诚的祝福让许多毕业生同学热泪盈眶。

一位老师和一种风格

美国耶鲁法学院正门上有两幅画。第一幅，教授在讲台上激情洋溢地演讲，而学生在台下呼呼大睡。第二幅，教授在台上怡然自得地呼呼大睡，而学生们在台下激烈讨论。可见教学的形式和内容永远是一个老师应不断探索的话题。

讲课的形式是影响学生兴趣的一个重要因素。焦洪昌很早就开始尝试案例教学和研讨教学。在研讨教学中，从布置选题到搜集资料，到写论文，再到大家一起讨论答辩，一系列的活动，使学生逐渐形成自己的思维方式，并锻炼了学生的写作能力和表达能力。"真正能力的培养，光靠听课是不够的，必须让学生亲自去实践，研讨教学就是调动学生积极性、培养学生能力的一个很好的方式。"当然，研讨教学只适用于小班授课，对于现在的本科生的大班授课，焦洪昌也有自己的一套办法。在好几百人的大教室里抛出一个问题让学生自己在下面讨论，然后让学生站起来大声说出自己的想法，再进行现场的点评和总结。他不仅把自己的所知所想传授给学生，而且更希望听到来自同学的声音。焦洪昌的想法是讨论发言并不是真的要就某个问题探寻出最终的结果，而是通过这种方式调动课堂气氛，培养学生在公众面前讲话的能力，让学生的思维都动起来。同时，教学相长，从同学们的讨论中，焦洪昌也能挖掘出一些新的思路方法。

而对于宪法的教学，焦洪昌也有自己独到的看法。他认为，宪法从本质来说应该是国民教育的教材。人类的一些共同的梦想，比如公平、正义、自由、民主、人权、法治这些价值与美好的理想是通过宪法而凝聚成一个国家最基本的共识的。宪法凝聚着一个国家、一个民族的核心价值观。这种包含人的尊严、独立的人格以及我们如何构建一个公民社会等内容的核心价值观，是需要通过培养、教育来形成的。通过核心价值观，对公民、学生进行教育的时候，他们才能感受到宪法的魅力，从而形成公民的意识。

焦洪昌认为，对于学生来说，除了职业教育，更核心的应当是公民教育，是宪法教育。作为一位老师，把这些价值观念，通过一些行之有效、学生喜闻乐见的方式让学生接受，才是教师为人师表的责任所在。在焦洪昌看来，法学的核心问题，是一个共同体里的所有公民如何都能拥有一个和谐、有秩序、有尊严的生活。而法律的最终目标，在于无论是国际社会还是国内社会，通过界定不同主体权利义务都能使得大家按照各自的规则，有尊严地生活。

近水知鱼性，近山识鸟音。焦洪昌的教学是个性化的，他总是坚信教学不仅仅是一个传授知识的过程，更是一个育人的过程。就宪法教学来讲，首先要把宪法的基本理念灌输给学生，因此理论所占用的时间就相对来说更多一些。就法学教育来讲，也应该更注重于培养学生的法律思维和素养，因此，个性化教学对于一个学生的发展可能更为有利。个性化教学要求教师对课堂形式及内容进行不断地雕琢。

一份执著和一种方法

作为一名有着三十多年教龄的教师，靠着以前的积累也是可以讲好课的，但是焦洪昌却始终坚持让自己的教学与时俱进，不断地更新教学内容，以便让学生能了解该学科的最新进展。对有些教师来说平衡教学与科研工作是件令人头痛的事，焦洪昌却认为二者不是互相对立的，关键在于如何处理二者之间的关系。教学，是大学教师必须履行的职责，也是教师生涯中最令人荣耀和令人欣慰的一部分。而且，如果只搞学术研究而不进行教学活动，在大学是个缺憾。因为在与学生互动讨论、交流沟通的时候，教师往往会发现有些问题是需要在学术上进一步研究的；同时，科研成果的运用又可以极大地提高教学的质量。

俞平伯说："文字原不过白纸上画黑道，一种形迹而已，但文化却寄托在这形迹上。"尽管行政工作繁忙，焦洪昌依然在科研方面花了很多精力。近年来，焦洪昌出版了个人专著《选举权的法律保障》《公民私人财产权法律保护研究——一个宪法学的视角》；主编了《宪法学》《宪法学案例教程》《港澳基本法》等教材；发表"论'依法治国'的宪法效力""'国家尊重和保障人权'的宪法分析""论宪法的第三者效力"等论文三十余篇；主持完成省部级项目和国际合作项目多项。同时，他还参加了全国人大常委会和相关专门委员会组织的立法法、监督法等立法的专家论证会。一系列的科研工作为焦洪昌的教学注入了很多新的血液，也在国家的法制建设过程中留下了形迹。

自党的十八届四中全会之后，"依法治国"就成为众人口中议论纷纭的热词。而对于这四个字，焦洪昌也有着自己的理解。他认为，依法治国是一个国家走向文明的标志。法治能使人民拥有比较安稳的生活，国家的政权能够平稳地交接，政府能够按照法律来办事，每个公民的人格地位都是平等的。"这并不是一个高远的追求，而是一种大家很淳朴的诉求"，焦洪昌语重心长地说。

他同时指出，作为一个法治国家，最核心的是管理两个问题，一是怎么管理被治理者，就是社会如何有序地运行。另一个是怎么管理治理者，使得治理者本身也遵从法律。我国曾经有过比较深刻的经验：当实行政策治国，或是依靠权威、有影响力的人物治国时，如果这些人本身有能力，这个国家或许可以较为有序地运行。但若治理者是一个独裁者、暴君，那人们的生活就看不到希望。怎么管理治理者，这可能是在法治国家大家最关心的问题。

2015年12月4日，是我国第二个宪法日。宪法日的设立，必将推进我国宪法的进一步完善，也将使宪法更加深入人心。作为终日与宪法相伴，心系我国宪法发展进程的学者，焦洪昌认为，宪法日是一个形式，但形式对于内容必然会有促进作用。毕竟，内容需要一定的形式表达，而宪法日的各式活动，可以强化人们对于宪法的认识与感知。

对于焦洪昌而言，宪法是一份梦想，一份并不斑斓却足够虔诚的梦想。在他的眼里，宪法并不是一部抽象、被束之高阁的法典，而是与民众的生活休戚相关的。焦洪昌希望，有朝一日，宪法可以融入每一位公民的生活中，每一个人都可以因宪法的存在而过上更为公平自由、和谐安稳的生活：当我们的房屋被拆迁的时候，我们可以受到宪法的保护；当我们的信息被泄露或被监控的时候，我们可以感觉到宪法的保护；当提出要实行单双号限行常态化的时候，我们可以想到是不是违反宪法；当大量公有制下的国有资产"被流失"，一些人贪污受贿的时候，我们能看到宪法的力量可以对这些人形成威慑，对现在日益猖獗的腐败有所制约；当有冤屈时，我们能够找到一个公正的地方受理，能够打一个明白、公正的官司。"我们可以在个案里感受公平正义"，焦洪昌的语气里浸满了沉思与希冀。

一个国家走向法治是无法一蹴而就的，对于我国的法治进程，焦洪昌用"有期待，而不盲目乐观"表达他的态度。他认为，中国这样一个有着几千年专制传统的国家，想要走向法治国家、法治政府、法治社会，路程必然是极为曲折漫长的。"路程还很遥远，我们每个人都需要认真地努力。"

在校内，焦洪昌是一位著作颇丰的教师，在校外还担任着中国宪法学会副会长、北京市人民代表大会法制委员会委员、北京市第二人民检察院专家咨询委员等社会职务。一个个耀眼的光环让很多人羡慕不已，但焦洪昌始终认为自己的第一身份是教师，自己最重要的工作是教学，他把自己在这些社会职务中所得到的实践经验融入教学中去，同时他也鼓励学生们多参加社会实践，他认为只有在社会实践中才能获得第一手的资料，才能更好地了解中国的国情。正所谓"研究中国国情，解决中国问题"。

结　语

采访结束了，焦洪昌幽默的谈吐及睿智的思想让人折服。焦洪昌怀着对学问的严谨态度，对教学的深深热爱，在三尺讲台上辛勤耕耘。他，始终是一位默默的杏坛耕耘者，不问收获。

李建伟

平和的智者

文/李　颖　张　尧

李建伟，本科就读于西南政法大学法律系，后进入中国人民大学民商法专业学习，师从王利明教授，专注民商法学的研究，2002年获法学博士学位。受恩师影响，2004年放弃名企工作，进入中国政法大学任教，现为民商经济法学院教授，博士生导师，日本青山学院大学和法科大学院的客座教授。李建伟将理论知识、法条、实务三者相结合，用通俗易懂的语言阐述民法的博大精深，以幽默形象的比喻证明法是生活百态，形成了极具个性的李氏风格。于2006年、2008年、2011年连续三次当选为第二届、第三届、第四届"最受本科生欢迎的十位老师"。

他说，有得必有失，人很难同时做到两件或两件以上的事。

他的学生说，上帝赐予的人人平等的二十四小时里，他竟能如此妥善地协调多重角色之间的关系。

他说，善辩者寡言，真正的智者生活中常常是沉默的。

他的学生说，他的言语，有理论的高度，有生活的逻辑，功力深厚。

他说，师恩难忘，因为恩师，所以走上了三尺讲台。

他的学生说，他幽默的生活态度，让人笑过后，感受他的人格魅力、学术功底以及对生活的领悟和思考。

李建伟，以他的个性与另类，俘虏了一批又一批法大学子，用他的冷静与理智，在三尺讲台之上传道授业，挥洒自如。

象牙塔之旅

每个人的大学时光都是十分宝贵和美好的，回想起过去丰富多彩的大学生活，李建伟很是感慨。

在大学这座象牙塔中，血气方刚的他不仅仅汲取到大量的文化知识，更在组织参与学生活动的实践中获得十分珍贵的锻炼机会：担任西南政法大学校学生会主席，办讲座搞比赛，参加校外交流，进行外地考察，等等。九十年代中期，国际大专辩论赛在大学生中异常火爆。适逢学校开设"演讲与口才"等选修课程，李建伟创办了西南政法大学演讲辩论协会，为众多渴望一展辩才的青年学子们提供了一个展现自我与相互学习交流的良好平台——专门的演讲技巧培训、大型的辩论比赛……活动组织工作虽然繁琐，但李建伟在参与中得到了锻炼，在辩论中收获了智慧。

如今，演讲辩论协会经过十余年发展，已成为西南政法大学一个极具影响力的学生社团，不仅跻身全国百强社团，更获得教育部高校优秀学生社团嘉奖。回母校参加毕业十周年聚会活动时，李建伟还特意出席了这个由自己一手创办的社团所举办的活动，担任终身名誉会长。

"每个人在不同时期的目标不同"，即使身为社团风云人物，在学生活动中如鱼得水，李建伟还是清楚地意识到大学阶段"首要任务是学习"。当学习与社团工作发生冲突时，他选择更加有效地利用时间认真学习。所以，在图书馆里常常能见到他的身影，常常一待就是一整日，如饥似渴地汲取书本中的知识。

李建伟本科四年就读于西南政法大学法律系，后考入中国人民大学民商法专业，师从王利明教授完成硕士和博士学位。博士毕业后，跟随邓荣霖教授进行公司管理与治理领域的博士后研究。从本科、硕士、博士到博士后，李建伟的求学经历一直都很顺利。

古语云"三十而立"。他说，"我很幸运，三十岁之前的美好时光是在校园里度过的"，在朝气蓬勃的大学校园里，在与德高望重的师长的接触中，在学术思想薪火相传的过程中，形成了"比较稳定"的人生观、价值观，并在学习、工作和生活中发挥了积极的指导作用。

如果说恬静的大学校园为李建伟提供了一个与多位学术大师进行对话交流的平台，那么校外的实习则为他打开了另一扇同外界社会接触沟通的大门。在深圳华为技术有限公司从事公司法务工作的那段日子让他至今难忘，"那是我第一次接触社会"。不同于学校里的学术研究，华为的工作"紧张忙碌，同时又充满刺激与挑战"，李建伟感受到极大的企业文化冲击："平均年龄二十七岁，最低学历大学本科"的合作团队，"开明、严谨、创新、规范、紧张"的企业文化，高效有序的运营管理……所有的一切都让李建伟强烈地感受到民营企业蓬勃的生命力。年轻的他很快喜欢上那里，迅速地进入状态，享受着忙碌而紧张的工作。

不解之缘

走上民法研究之路，于李建伟而言是一个偶然，也是一个必然。高考填报志愿时，出于对法律的浓厚兴趣，他报考了西南政法大学法学专业，并如愿进入法律系学习。大学期间，他无意中阅读了一本民法学著作，发现民法的法律内涵与自己的价值观十分契合，而民法学同时又是一门"非常实用"的科学，能够"真正解决人们生活中的问题"。从此他与民法结下不解之缘。

这本让他"觉得很不错"的法学著作正是由中国人民大学王利明教授编撰的。那时的他尚不知道以后会有幸成为王利明教授的门生。1999 年，李建伟以优异的成绩顺利考入中国人民大学民商法专业。令他意外的是，导师竟然是王利明教授。从硕士到博士，六年的学习生活中，他们建立了深厚的情谊。而恩师王利明教授学术上的严谨认真、生活中的安贫乐道，都对李建伟产生了潜移默化的影响。农历新年里家家户户热热闹闹贺新春之时，"王利明老师仍在潜心研读学术专著"；尽管科研工作繁忙，"老师在学习和生活上仍然十分关心学生，给予指导和帮助"，与学生们一起爬香山，聊生活，谈人生。李建伟深刻感受到了老一代学者"淡泊名利、乐于提携后进"的崇高品格。他深深懂得，"做学问要不怕辛苦"，专心致志，同时更应坚持一个单纯的治学目标，脱离低级的生活追求。

于是，受恩师的影响，李建伟选择走上三尺讲台，选择成为一名大学教师，用一支笔、一张嘴，向莘莘学子传道授业。

李建伟无疑是一个另类的传道者，其授课方式形成了极具个性的李式风格——将理论知识、法条与实务相结合，密切联系日常生活，在案例中讲解理论知识，使学生们在理论学习中体会法条背后的深刻精神。同时，也很注重授课内容与模式的创新，"从我上学开始直到现在连个例子都不作改变的教学理念是很可怕的"，所以他在讲课中密切联系实际生活，时常引用诸如"车展""房奴""PK"等流行词汇，列举新东方美国上市等新近发生的事件，让抽象的法学理论变得生动活泼，易于理解，而他幽默诙谐的讲课方式浅显易懂，受到了法大学子的热烈追捧。国际经济法学院2005级韩同学说，民法博大精深，理论知识晦涩，但"李老师用最通俗易懂的语言轻松将其阐述"，以"幽默形象的比喻"证明法便是生活百态。

在李建伟看来，培养学生的思维方式比单纯的知识输出更重要。"我希望学生听过课之后，能做到学以致用。"正如《论语》中所言，"学而不思则罔，思而不学则殆"，学生在形成完整知识体系的基础上，注重"学"与"思"的结合，关注现实中的社会问题，对事物形成自己的独到见解，在实际生活中解决问题，"便是真正的学以致用"。

大学讲堂对于李建伟而言，不仅仅是教学相长的交流平台，更是一个彰显年轻个性、展现个人魅力的大舞台。流行的粉色T恤，摩登的韩版牛仔裤，时尚的黑墨镜，个性的英文词汇，脸上坏坏的笑容，偶尔左手插进裤兜，右手捏粉笔在黑板上写字耍酷……学生惊叹于他的"巨时髦、超个性、时尚气息十足"，私底下敬称一声"建伟哥"。在法大学生网站雏鸣网"最受本科生欢迎的十位老师"评选活动的留言板上，有学生用寥寥数语便勾勒其个性的轮廓："帅老师，像建伟哥这样，身着当时流行的粉色T-shirt，领口挂着黑墨镜步入教室；有境界的老师，就是建伟哥这样，幽默、时尚绝不是不深刻，反而是他思想深邃的最好说明。"民商经济法学院 2005 级张同学说，"上李老师的课"收获的不仅是"用生活的方式思考法学问题"，更明白老师"原来也可以如此时尚"。

精致生活

作为一名学者，在治学中一丝不苟、专心致志；身为一位教师，在课堂教学中生动幽默、时尚个性。而离开工作状态，李建伟的日常生活同样多姿多彩。

他的闲暇爱好很多，看电影便是其中之一。爱去电影院的他，喜欢周星驰用极度搞笑的喜剧方式演绎社会中小市民阶层的普通生活，喜欢周润发诠释的铮铮硬汉形象，喜欢奥黛丽·赫本在《罗马假日》里的美丽纯洁。

从小就对歌剧十分着迷的他，儿时就经常一个人抱着半导体收音机，坐在角落里静静地聆听"砖头盒"里传出的美妙歌声。虽然总会因为对歌剧欣赏的过度痴迷而遭到父亲的责备，但他仍然固执地坚持自己的爱好。多年来，一有空，他就会进剧院欣赏歌剧《猫》《歌剧院的幽灵》……几乎所有的经典剧目，他都能如数家珍。

被家人取笑患有"读书癖"的他，爱看贾平凹、余华、莫言等作家的小说，更珍藏着余华的全套作品。家中更收藏了各类书籍两千余册，摆满了整整七个大书柜。

校园民谣，记录了一个时代的校园景观，承载着一代莘莘学子的梦想与追求，以及对易逝的青春岁月的怀念。与当年的大学生一样，李建伟钟情校园民谣，喜欢老狼等一批校园民谣歌手，"飘雪的黑夜是寂寞的人的天堂，独自在街上躲避着节日里欢乐的地方，远方的城市里是否有个人和我一样，站在窗前幻想对方的世界，北京的冬天飘着白雪，这纷飞的季节让我无法拒绝"——老狼《北京的冬天》里浪漫的歌声带给他无限的回忆与生活感悟。

经历了青涩张扬的青春年少，迎来了成熟个性的不惑之年，李建伟始终在朴实的真实生活中冷静地思考着，追求着，执著着。在法学道路上谦逊平和，在三尺讲台上兢兢业业，在普通生活中坚持自我。

李永军

平凡的艺术大师

文/李　颖

李永军，于山东大学法律系获得学士和硕士学位，后留学苏联学习法律，获博士学位后进入中国政法大学，师从江平教授进行博士后研究。现为民商经济法学院教授、博士生导师，长期从事民商法研究，在合同法、物权法、破产法等领域造诣颇深。李老师在长期的教学实践中形成了一套独具特色的民法知识结构框架，平实质朴的授课方式给学生留下了十分深刻的印象，于 2002 年当选第一届"最受本科生欢迎的十位老师"。

他，白净的面庞，高高的鼻梁上架着方框眼镜，脸上挂着淡淡的微笑，干净的白衬衣，笔直的黑西裤，可与播音员媲美的嗓音浑厚圆润，略带一点儿山东口音。他是菁菁校园里炙手可热的明星教师。每每开班授课，教室里总是挤满了慕名而来的学生，水泄不通。"叩响民法学大门——'法源地'系列讲座三"、第二届首都高校联合模拟法庭、"民法典的人文精神——中国民法典论坛系列七"……学生社团举办讲座活动，若能邀请他担任嘉宾，便是一票难求，场场火爆。

李永军凭借其独特的人格魅力征服了无数法大学子，高居第一届法大"最受本科生欢迎的十位老师"榜首。他是学生眼中偶像派与实力派的融合。而在他看来，自己却不过是一名普普通通的教书匠。

个性的艺术大师

"李老师很个性",只要上过李永军的民法课,学生们都不约而同地选择"个性"二字来形容他。"开场个性,课堂个性,讲课个性"是他在学生眼里的鲜明特色。

法学院 2004 级学生小倩清楚地记得上李永军第一堂民法学课时的情景:一个高高瘦瘦的男老师,面容清秀,身着笔挺西装,走进教室,轻轻放下手中的保温水杯,慢条斯理地翻开一沓厚厚的讲义,干咳几声,清了清嗓子,浑厚而磁性的男中音随即传来:"现在,我们开始上课……"面对三尺讲台之下对自己毫无半点了解的学生,李永军没有简略的个人介绍,没有笼统的课程体系梳理,干脆地直奔上课主题。

开学第一堂课,李永军就和学生们约法三章:"不准迟到","禁止课上手机铃响","课上不得随意进出教室"。面对要求如此严格,"态度坚决得没有半点儿讨价还价余地"的老师,学生们暗地里叫苦连连,但仍然选择坚持。"以后上课,要么不来,来就必须准时到教室",短短十余个字,却绷紧了学生的每一根神经,时时督促自己"千万千万别迟到",不敢有丝毫的懈怠。所以,在他上课的教室里,不会有一声手机铃响,也没有一名学生迟到早退。

众所周知,民法学中的物权、债权各自构成学科体系,知识点繁多,分支庞杂,要在短短的一学期,九十课时,每课时仅四十分钟的时间里,单纯通过口头讲授,条理清晰、层次分明、简明扼要地为学生梳理出学科理论体系的大致轮廓并非易事。为了充分利用课堂上的每一分钟,李永军给自己定下一条近乎苛刻的规矩:"不在授课过程中讲一句多余的话。"在课堂上,他严格地遵守着"每个知识点只讲解一遍"的原则,绝不重复解释,较之民法学博大精深、体系复杂、概念繁多的学科特点,这种"逻辑严密,前后连贯性强,涵盖面广,知识量大"的授课方式也使学生们在学习过程中面临巨大挑战,不得不竖起双耳,紧握手中"笔杆",全神贯注地紧跟老师课堂思路,否则"稍不留神,就被落下十万八千里"。

与按照教科书章节的传统模式，用晦涩语言构建庞杂民法体系的授课方式不同，李永军在长期的教学实践中形成了一套独具特色的民法知识结构框架，每一堂课的授课内容或各成体系或相互联系，而一学期中的课堂授课内容却又组成一个完整的民法结构体系，"就像一棵树，延伸出无数枝干，生长出数不清的绿叶"。在学生中流传着一句玩笑话：只要从头到尾坚持上课，一学期下来，脑海里能形成一棵枝叶繁茂的民法学大树，而"课堂笔记竟然条理清晰得可以独立出版教科书了"。

法学理论知识本身单调乏味，论述语言相对而言枯燥刻板，而连上数节的民法课堂，常常是学生们呼呼大睡的地方，但在李永军的课堂上，却是另一番与众不同的景象：三尺讲台之上，李永军运用简单通俗的语言，以生活化的表达方式讲解法学基础理论知识。台下，学生们聚精会神，侧耳倾听，或踊跃提问，或奋笔疾书，偶尔哄堂大笑，课堂安静却不沉闷，活跃但不聒噪，无疑成为法大民法学课堂中的一个另类。他平实质朴的授课方式给学生留下了十分深刻的印象，法学院 2005 级学生小刘对李永军在阐释物权和债权关系时的经典比喻记忆犹新，"假如把物权比作大河沿岸，那么债权就是穿梭于两岸的船只，物权是债权的起点与终点，债权便是穿梭于起点与终点的运作过程"。在他的整个授课过程中，没有晦涩难懂的文言文，没有新潮开放的外文单词，有的只是白话，为的是"将枯燥乏味的民法理论知识，用最平实质朴的语言，以最通俗、直接的方式"传授给学生们。

普通的教书匠

与许多老师一样，每周为按时给本科生上课，李永军都得乘坐校车，经过一个多小时车程到达位于北六环以外、距市区四十余公里的昌平校区。而每次，他总会提前十余分钟进入教室，调整授课状态，以饱满的精神面貌和学生交流。

在学生中，李永军以严格要求而声名远播。在工作中，他对自己的要求更加严格。"言行一致很重要"，他深知，作为一名教师，一言一行都会对学生产生很大影响。在从事教师工作的十余年里，李永军始终严格遵守着和学生的约法三章：他没有迟到或缺勤过一堂课；课堂上，手机永远处于静音或关机状态。王同学说，李永军常对他们说，作为一名法科学生，"时间概念尤其重要"，上课不能准时到堂，是对自己的不负责任，更是对别人的不尊重。

课堂上，"传授知识是次要的，思维方式才是教学核心"，在李永军教授看来，学问与知识的最大差别在于，学问是自己通过学习独自总结得出，知识却是共有的。"一个人可以有知识，但不一定有学问"，所以，他更注重培养学生的法科思维方式。在他的课堂上，常常会出现戏剧化的一幕：当学生们异口同声肯定他提出的某一个观点时，"是这样吗？""真的是这样吗？"他接连两三次语气坚决的质疑，使学生自信全无，面红耳赤，对之前的判断产生怀疑。李永军在教学中反复强调"知之为知之，不知为不知"的学习态度，他常常告诫学生"做学问要实事求是"，法科学生步入社会，面对的是黑与白的世界，"若对问题把握模棱两可，必然阻碍个人日后的发展"。

与其他老师一样，李永军教授十分重视与学生进行交流。课上，他抛出一道接一道的难题，鼓励学生发表观点，与之争论，碰撞思维的火花。每堂课下，他都会亲切地询问身边学生的听课感受，听取意见，不断改进和完善教学方法。回想起大学时与老师亲密无间的交流学习，李永军不由得感慨，目前学校教学资源有限，听课学生众多，较之以前，现在的他实在没有精力与每一位学生接触，尽管如此，他仍然"尽力与学生多交流"。

从事民商法研究三十余年，李永军在合同法、商法等领域的造诣颇深，但在教学活动中，他都以把学生领进法科学习殿堂为指导思想，以通俗易懂、便于学生理解为工作前提。教科书编写是教师教书育人、传授思想的重要组成部分。李永军对教科书的评价为"反映最高的教学水平，但并非最高的学术研究成果"。无论是二十世纪九十年代由他主编并出版的《合同法原理》《商法学》《海域使用权研究》，还是2006年出版发行的《民法总论》，都"从不把问题复杂化"。江平教授曾说过，"青年学生犹如一张白纸，法学教科书就像一名画家，只有技艺高超的画家才能在白纸上创作出一幅佳作"。由李永军主编的《民法总论》用形象生动的语言，把枯燥干涩的概念和原理知识深入浅出地表述出来，通俗易懂，受到广大同学的热烈追捧，学生评价其"书里的话非常形象，不像别的教材那么晦涩难懂"，即使是让一位非法学专业的同学阅读，"也能明白书中阐释的法学基础理论知识"。

与许多教师从事教学科研工作时同时担任诸多社会兼职、参加多项社会活动不同，李永军的社会兼职栏里仅有一项——全国人民代表大会常务委员会破产法起草小组成员。他说："学海之无边、学问之无限而精力之有限，人生若能在苦短之旅潜心做几件有益的事情，就是莫大的欣慰。"虽然精力有限，但李永军力求最大限度地发挥自身作用。他选择参与"和法院审判类似"的仲裁，在实际操作中接触大量案件，这也为他在课堂上分析理论知识，提供了丰富的案例来源。

深深的感恩之心

李永军从事法学教学研究工作三十余年来，潜心学术，专心致力于民法，尤其是破产法、合同法等分支学科的理论研究与实际操作，获得了丰硕的学术成果，在传道授业、法学研究等方面赢得了无数的鲜花和掌声，迄今为止已经在《中国法学》《政法论坛》《比较法研究》《私法》等多家学术核心刊物上发表了《自然之债源流考评》《从契约自由原则的基础看其在现代合同法上的地位》《论破产法上的免责制度》等数十篇学术论文，同时还主编、参编了《合同法原理》《破产法律制度》《破产重整制度研究》等数十部学术专著，参与编译了《俄罗斯联邦民法典》等，先后获评中国政法大学曾宪梓教学奖、国家博士后优秀研究奖、中国政法大学杰出青年教师、北京"百人工程"培养人选……

出生于山东滨州的李永军，高中毕业后，以优异的成绩考入山东大学法律系。修读完本科及硕士学位后，留学苏联学习法律，获得博士学位后，进入中国政法大学，师从江平教授做博士后研究。而如今，对于较为平坦的求学工作之路，面对众多的荣誉与赞赏，他认为，"我只是一名普通的教师"，和其他老师一样做着普通的事情，"今天这些微不足道的成绩"并非因为自己天赋高超,而"仅仅是一种幸运罢了"。

自 1994 年进入法大学习,后留校任教至今,已有二十多个年头,李永军对法大深怀着浓浓的感激之情。在他心中,"在任何学校都难以找到这么多优秀的学生,这么好的讲台",他知道"学校在自己成长过程中给予了很多的无私帮助和支持",今天的成绩离不开学校的支持。

时至今日,李永军都难以忘记《合同法》一书的编写过程。在历时三年的著书过程中,编写体例是迟迟难以敲定的一大难题,李永军的导师、合同法起草小组组长江平教授和方流芳教授就写作提纲向他提出无私建议,杨振山等多位教授及青年教师与他就诸多问题进行探讨,慷慨提出自己的意见,令他获取诸多有益的启发和帮助。在自序中,"感谢""特表谢忱"寥寥数语,虽无特别动情言语,却表达了李永军心中不尽的感激。

一路上,李永军感恩着,坚持着。"在这样一个道德多元化的社会中,我们应该坚守自己的信念,坚守传统美德,做自己应该做的事情。"他衷心希望法大的莘莘学子坚持自己的道德信念,走好自己的漫漫人生路。

刘家安

静水至深，流水至坚

文/胡雅君

刘家安，1989 年考入中国政法大学，1996 年毕业后留校任教，民商法学博士，现为民商经济法学院教授。专注于民法、罗马法领域的研究，素有"罗马法王子"之称。刘家安严于律己，包容学生，专心于教学科研工作和家庭生活，有着广泛的兴趣与爱好，喜欢在安静中阅读、思考、享受人生的清凉。多次荣获"中国政法大学优秀教师"称号，从 2006 年到 2021 年，连续八届当选"最受本科生欢迎的十位老师"。

他，是传说中的"罗马法王子"；他有着冷冰冰的温柔；他曾经连续七个小时站在讲台上授课；到现在为止，他在法大已经待了三十余年。这些都是传闻中的他，这样的他离我们又近又远，始终不可捉摸。

二十年前的选择

作为一名教师，最大的成就感就在于可以将自己有限的知识与学生分享。

——摘自刘家安博客

著名作家柳青说：人生的道路虽然漫长，但紧要处常常只有几步。

人无法真正确知自己的未来。在人生的各个阶段上，每个人都面临着选择，正是这些选择构筑起了不同的人生轨迹。但是，人生同样也面临许多的偶然性。

当年的刘家安在报考中国政法大学时，对它几乎没有什么了解。然而就是这样一个未经深思熟虑的决定，竟然决定了迄今为止他的人生。实际上，当年毕业后选择留在法大，刘家安同样也有过疑虑——是否应选择更有"钱途"的职业？自己能否当好一名老师？出于对大学校园整体氛围和环境的留恋，他最终选择了留校任教。

如果不是当初报考法大，如果不是后来留校任教，今天的他会在哪里呢？对此他自己有时不禁也会遐想，如果在人生的这些路口踏上了不同的道路，现在的他会是什么样子？刘家安最终选择了法大，选择当一名教师。如今的他站在法大的讲台上，穿着深色西服，右手持着话筒，左手背在身后，身子站得笔直，将民法的奥妙娓娓道来。他的课堂场场爆满，两百多人的阶梯教室座无虚席，连讲台上也被自带凳子来听课的学生占满。

然而很少有人知道在这背后是怎样的辛苦和劳累：周五早上六点起床，经过五十公里的车程赶到学校，之后是四个小时不间断的授课。"是辛苦的，也是快乐的。"刘家安这样说。他定义的快乐在于给予，而非索取。自从他1996年进入民法教研室开始授课以来，这样教书育人的生活不知不觉已过了二十余年。对他而言，教师或许会是他一生的职业。在从教十年之际，刘家安老师曾在他的博客上写下这样一段话："经历这些年后，感觉这份职业有其厚重的价值，自己时常也能从中体验到乐趣。每当面对一张张青春的、渴求知识的面孔，就会感到自己肩上的担子很重，而每当看到自己正成功地将学生引入知识的殿堂时，自己的心灵也能够得到莫大的满足。"

大家眼中的刘家安老师向来是认认真真备课，课上引得连连称赞，在课前课后耐心地和同学交流的"名师"。哪怕是这样，刘家安依旧觉得自己做得不够。学术研究和对于家庭的责任占去了他大块的时间，"上课见、下课走"的师生关系并不是刘家安希望的样子。

"很普通的一个老师"，刘家安几次这样描述自己。虽然大多数人眼中的大学师生关系不及高中时代那般亲密，但在法大这个有点偏僻的小小的学校里却总不乏来自老师们的温暖，而刘家安必定算是这些老师们中的一个。

法大 BBS 上，刘家安有自己的账号，也没有一直潜水。平日里，他会时常登上去看一下、关注学生们在想些什么。或关于学生的生活，或关于大家的民法学习，面对这些，他总是很上心。说起 2007 年、2008 年那两次《成绩说明》（分别关于"民一"、"民二"），刘家安若有所思地回忆说，那时刚放假，几个老师聊起考试情况感慨颇多，出于对同学负责的态度、也出于对自己的反思，刘家安深夜完成了那两次《成绩说明》。在他看来，高校里师生间的交流普遍不多，很是遗憾。于是刘家安只要有机会就会跟学生说一说，无论是关怀、鼓励还是劝勉。不只是 BBS，新浪博客也曾被刘家安用作和同学交流的平台。几篇答同学问、几篇为师感触、几篇社会评论，还有几篇读书心得……刘家安通常会选一些同学的问题在博客上回答，让更多的同学可以看到并交流开来。

而有一次面对一封写着十个问题的电子邮件，刘家安用了两个小时把问题一一解答。十个抽象、晦涩又几无关联的问题，他选择回一封邮件给那位同学讲个明白。在他看来，学生提出的每一个问题对于学生来说都是一个"结"，而这个"结"对于学生自己来说，一定是解不开的。"尽管我觉得自己很和蔼可亲，但是有的学生就是很害羞啊，就是不好意思问我问题啊，这也是没有办法的事情。每个人都有每个人的性格嘛。"刘家安就这样不厌其烦地为一代代法大学子解开了一个又一个的"结"。

刘家安的博客是 2008 年初停止更新的，对此他不无遗憾地说，自己精力实在有限，而文字性的交流难免会比当面交流耗费很多倍的精力。他说，自己本来也希望能够把这个平台更好地建立起来，也算是弥补自己对于不能和同学们有更多课后交流的遗憾，但是由于博客总需要很多时间去经营，常常要更新，又无奈确实是心有余力不足，所以最终还是停了，自己少了负担，也不必让旁人白白期待。这也是刘家安的善良。单单从便捷的角度考虑，博客也早已被取代。是的，你也许会问：

刘家安老师没有微博账号吗？答案是，刘家安有自己的微博账号，那个在河边微倚栏杆的形象正是他本人。听到把微博作为新的交流平台的提议，刘家安点头道，"这倒是可以考虑"。

刘家安很少对别人有什么要求，然而总是严于律己。对于自己的学生，刘家安用一句"没出校园，还没有成熟"包容了学生们好多的缺点，一直努力营造着他心中最朴素而真挚的师生关系。为学生做这么多的老师，一定会是最受欢迎的老师。刘家安连续五次当选"最受本科生欢迎的十位老师"，算得上实至名归。

对于这个由学生一票一提名的"民选"奖项，刘家安看重它超过好多"官方"奖项。"做好自己，自然会有人给好的评价。然后，继续努力吧。"他带着淡淡的欣慰说道。"世路如今已惯，此心到处悠然。"而淡然沉静的性格也成为他做人做事的起点。

身体与心灵， 一起行走在路上

周国平在《丰富的安静》一文中写道，"人生最好的境界是丰富的安静。安静，是因为摆脱了外界虚名浮利的诱惑。丰富，是因为拥有了内在精神世界的宝藏。"

面对日渐喧嚣的学术界，他淡淡地说："还是安安静静地待着，多看点书，慢慢积累吧。"他始终相信厚积才能薄发，写东西关键要有自己的独立思考，这是不能着急的。尽管他拥有律师和注册会计师的从业资格，但他几乎不从事任何律师实务工作，因为随之而来的忙碌会影响到教学和科研工作以及家庭生活。比起事务性的忙碌，他更愿意把时间留给阅读、留给思考。"愿意自己待着。"他这样说。

除了探寻法学的真谛，他还"想知道宇宙的奥秘，想知道在世界的各个角落里正发生着什么，想知道别处的人们是怎样生活的……"对于这个世界他始终充满儿童般的好奇感，这样的心境使得刘家安有着广泛的兴趣和爱好。

喜欢阅读，喜欢看电影，喜欢喝意大利咖啡的他深知"安静中享受人生的清凉"之意。倚窗而立，端一杯 cappuccino 咖啡，浅啜一口，看天外云卷云舒；或是埋首书桌，缓缓翻动着书页，读到精彩处不禁会心一笑……时光提起裙摆安静地走过他的身边，悄无声息中有种力量在滋长。这样的画面，这样的生活，无疑是诗意精致的。

"读万卷书，行万里路。在路上，这是一种十分特别的生命体验。风景并不只在那些著名的旅行目的地，风景就在路上。趁着年轻，收拾行囊，踏上旅程，游走四方，生命会因为在路上而变得精彩。"刘家安的博客上记载着这样一段话。

刘家安来自福建闽越文化的摇篮——南平，那里被誉为"闽邦邹鲁"和"道南理窟"是有迹可循的。那里人杰地灵、人才辈出；那里有朱熹于闽北"琴书五十载"，成后，有"东周出孔丘，南宋有朱熹，中国古文化，泰山与武夷"之说。然而，在刘家安眼里，这里更是一个宁静的小城。问及家乡，刘家安眼里忽而涌过暖流，却还是抿嘴一笑："小县城"。都说家乡是一个人一辈子的印记，在刘家安身上我们仿佛也感受到南平这座城市的淡然、柔和：于细微处感人至深，于沉静时动人心魄。这也是好多人心里的刘家安。

来到北京，刘家安完成了学业，并在这里成家立业。每个人的人生都充满机遇、充满可能，踏上的路也许通向我们最初望去的方向，也许甚至背道而驰。提到在北京的生活，刘家安显得平静而满意。"更发达的医疗保障""更集中的资讯""更完备的服务体系"等都是他列举出的北京的无可替代。人生往往异于最初的构想，我们永远无法得知哪种"更好"，无法得知，更无需多想。

刘家安喜欢旅行，走过多半的国内城市。他曾在博客中说过，真正的旅行是一次次心灵的旅行，是一个心灵被美丽所感染、充实和征服的过程。知道这点的学生不免想问他最向往的城市。"总体来讲，我是个随遇而安之人，所以我通常不会有这种特别强烈的感觉。"追问下，刘家安讲到自己更喜欢西南地区，像是云贵川高原、西藏和云南，喜欢那里纯净的自然景观、朴实的人们和节奏很慢的安逸生活。"每当旅行的时候看到这种小地方，就觉得生活真安逸，人又很平和。虽说挣钱不多，但消费也不高啊。幸福指数一定很高。"讲着这些，刘家安眼中满是向往，而没有丝毫抱怨。

他时常感觉到自己的血液中有这么一种冲动：随时背上行囊，向着远方游走；去看那未曾见识的景致，去了解和体验他人的生活状态。或许正是这样一种冲动使得那个可以在书桌前安静坐上一整天的他也会背着行囊，走遍万水千山。

曾经留学意大利的他说过，"如果可能，我希望退休之后可以定居在意大利托斯卡纳的乡村"，威尼斯、佛罗伦萨、那不勒斯、米兰、比萨、都灵、锡耶纳、维罗纳……在这些美丽的意大利城市中他尤为偏爱罗马。在阿尔卑斯山谷中一条风景极佳的大路上，有一条标语："慢慢走，欣赏啊！"就如这句标语说的一样，在刘家安看来，出国求学或游历，最重要的是用心去体会当地的人，观察别人的生活，从而在心灵层面上使自己有所感悟。

"我喜欢到一个地方慢慢地玩，慢慢地品味，就像当地人一样。我特别想去云南或是四川的小县城住上十天半个月，每天吃点当地人在街上吃的小吃，早晨起来，在街上走走，买两三块钱的早点，去小馆子吃一吃，上山上树林待一待，去林子里采点蘑菇，晚上回去炖炖汤。"

说这段话的时候夕阳已经西下，办公室里没有开灯，光线有些昏暗。刘家安大半个身子斜倚在靠椅上，背光而坐，一直在微笑，说着说着停顿了下来，下意识地咂了咂嘴。这一刻的他神游在自己的世界里，仿佛置身于小镇人家，坐在饭桌旁等着炉边那碗鲜嫩的蘑菇汤炖好，端上来慢慢品尝。然而对他而言，身在北京这个喧嚣繁忙的城市，又有着事业家庭的羁绊，去那些地方过那种生活更多的是一种向往，因为难以企及而越发魂牵梦萦。

"我包里有这样一个东西！"他打开公文包，拿出来的是一本《中国国家地理》。这一期介绍的是他很喜欢的中国西南风景。"去不了这些地方，看看图片了解了解风土民情也好。"他翻看着书上美丽的图片，有些遗憾地表示，真正好玩的地方都是很偏僻闭塞的地方，而自己现在时间精力有限，可能他这辈子都不会去这些地方了。平时有空时他还会上网，通过 google earth 等网站去自己感兴趣的地方看看。"最近我就有点迷这个！"他笑言，有了它们真的可以做到"不出门而观天下景"。

身体与心灵，意大利情诗 & 居家男人

"老师，给您带了水。不知道您是不是改掉了喝咖啡的习惯。"

"是，我是很喜欢喝咖啡。今天上课我还偷偷地喝了一点。"老师笑得像干坏事没被发现的孩子。

向来如此，心底悠然。"家安老师，我们心里的帅老师"，听到几句转达，老师宽厚一笑，"我就是很普通的一个教师"。"我觉得，做一个好老师，首先要做一个好人。我对自己的评价，至少是一个善良的人。"刘家安语速不快，却认真、肯定。"我觉得这么多年下来，已到不惑之年，基本的感受是：任何时候、对任何事都要问心无愧。"

"问心无愧"算是刘家安对自己要求的一个底线。而他一遍一遍说着"这其实不难做到"，像是勉励听者，更像坚定他自己。清夜扪心，无觉有亏欠之人、亏欠之事，这样，才能够安枕一卧。这是刘家安的动人之处。"每天晚上躺下来睡觉，反思一下今天或最近有没有什么事情，对自己、对家人、对别人或是对任何人有愧疚之感。如果没有，那我就会睡得很安稳。"而对于大家对他的"帅"的评价，刘家安说，"还是要做好自己，尽量要有人格魅力吧。"

像最平常的父亲那样，提到儿子，刘家安眼神、语气里满是笑意。刘家安说起，平日里只要自己有空是一定要"抢"着去接儿子的。此时他慈爱的笑最好地证明了他说的从没觉得小孩子是负担、陪儿子玩就是最快乐的事情。刘家安评价自己是顾家的男人，这也是他说的"问心无愧"：对于家人，对于家。

这是一首别致的意大利情诗，《TI AMO》：

Ioti amo/E se non ti basta/Rubero' le telle al cielo/Per farne ghirlanda/E il cielo vuoto/Non si lamentera' di cio che ha perso/Che la tua bellezza sola/Riempira' l'universo（节选）

刘家安老师的爱人在看到他的英译后，萌发了将其译为中文的

念头。

我爱你/我爱你/如果这还不够/我会偷来繁星/从夜空/为你编织花环/空落落的天宫/不会为此而悲恸/因为你的美/已填满整个苍穹（节选）

美丽的原诗，美丽的译文，更美丽的爱情，一首情诗两个译本，相映成趣，让我们隐约看到了生活中老师和师母二人举案齐眉、琴瑟相和的温暖贴心。

"在生活中我都听她的。"刘家安笑得很爽朗，"不过她的决定和我的决定都是一样的。"老师不无得意地说。因为在长期的耳鬓厮磨中，用他的话说"在对她长期的影响灌输中"，两人的思维方式已经趋于同化了。

说着说着，刘家安做了个示意停下来的手势，接了个电话，原来是他爱人打来的电话。"我在外面一天她至少给我打五个电话"，"不对，是无数个。"他想想，笑着更正了一句。以家庭为重的他是单位里公认的模范丈夫、居家男人。自从结婚后，他基本上没有任何出国访问学习进修的想法。在他看来，家庭和事业相比同等重要，家庭甚至还处在更重要的地位。曾经有人问刘家安最有成就感的事，他的回答是："娶了一位冰雪聪明、美丽大方、温柔体贴的妻子。"没有举行什么婚礼，就是两家人在一起聚一聚，吃顿饭，他们两人就这样走到了一起。

对于家庭，刘家安和妻子"争抢"着儿子轩轩的"接送权"，乐在其中。对于南平父母的牵挂，对于妻儿的照看都是刘家安甜蜜的责任。曾经一节民二课堂上，刘家安以"儿子吃香蕉"为例为大家分析一则法条。提及此事，他不禁笑出声来。但是刘家安说，给学生们做例子的内容不会那样跟儿子讲的，童年应该是快乐的，知识不应该被刻意地教给他。聊起这个照片被他用作手机桌面的小家伙，刘家安总笑得特别幸福。

一生一世法大人

那是 1989 年的 11 月，他刚刚迈入法大的大门不久，就在这里迎来了自己成年的第一个生日——十八岁的生日，现在 1971 年出生的他不觉已在法大度过了三十三年，从一个北上求学的少年到如今传道解惑的师者，法大陪伴他一路走过。

"四年四度军都春"里他爬遍了昌平附近的山，遇到天气好的日子，没有课的下午——"那就爬山去吧"。或独自一人乘兴而去兴尽而返，或三五好友一路谈笑风生。他兴致勃勃地描绘着当时爬山的线路，当年沿途的景点至今都历历在目。

中上的成绩，不太爱参加社团，也没有谈恋爱，在他眼里他的大学生活过得很平常，平时看书、学习，闲暇时爬山、出游。日子像水一般平静流走。

带来转折的是与一本书的邂逅。1991 年，刘家安准备复习考研。这时候，他读到了张俊浩先生主编的《民法学原理》，这本至今被人奉为经典的书，当时给了他极大的震撼。"感觉之前学习中的困惑都一扫而空"，他第一次深刻感受到了民法体系逻辑的复杂精巧、博大精深。再后来他顺利考取法大民商法专业研究生，让他在法大这片土地上与民法结下不解之缘——同时也让他邂逅了如今的爱人。"我成年以后的生活全部都是在法大度过的。"他不禁感慨。过去十年的求学时间，再加上如今的从教生涯，对于刘家安而言，法大的岁月真的是大半程职业生涯的光阴累积。

"从 1996 年刚教书的时候，自己比下面学生大五岁，到现在比你们大二十多岁，都不觉得有本质的区别：刚上讲台的时候，下面是自己的学生，现在还是自己的学生。你会觉得，没有一伙人跟你一块变老。"也许正是如此，大家眼中的刘家安始终年轻而充满魅力。

对于工作，刘家安认为任何一行都不错，但无论是做什么，都不要辜负自己的岗位。关于自己在大学的教书生涯，一方面刘家安说，对于学校、学生的付出，他算得上一位称职的老师，另一方面他也说，"大学里面会给人年轻的感觉"。

"从 1989 年到现在，从一名学生到一名教师，我一直没有离开过法大。法大于我有一种家的感觉。"说起法大，他的言语间总有种温柔在流淌。

刘家安始终驻扎在法大，好像一棵树，扎了根就没有再移动。在其中一次"最受本科生欢迎的十位老师"颁奖典礼上，他的那句郑重许诺——"我退休前会一直在法大为同学奉献自己的岁月"——这给那些担心有一天他会离开的同学吃了一颗定心丸。

"一生一世法大人"，正是对他的准确描述。

刘心稳

努力做一个爱岗敬业的老师

文/葛　莹

　　刘心稳，1979 年考入北京政法学院（中国政法大学前身），1983 年毕业留校任教，1984 年进入法律系民法教研室（现民法研究所），1987 年被破格聘任为讲师。刘心稳于 2015 年底退休，退休前一直在民法研究所从事民法教学工作，他用三十多年的平静、专一、坚守，诠释了对民法教学的热爱。他深受恩师和前辈们的影响，对学生学业上的求教求助给予无条件的帮助，早在 1988 年就获评司法部"部级优秀教师"，多年来多次获得院级先进教师荣誉，2011 年荣获校级"优秀教师特别奖"。2015 年 9 月，在即将退休之际当选"最受本科生欢迎的十位老师"特别致敬奖。

　　人的一生总是伴随着很多可能性，而专注的意义或许就在于，在面临诸多选择时，不扰于心、不乱于形，遵从内心。都说陪伴是最长情的告白，刘心稳教授用三十余年的从教生涯，向他放在心尖珍视的教学工作，献上了特别的专注。在他即将退休之际，校报记者采访了他，他说："不贪心，专心做好一件事，于我就是努力做一个爱岗敬业的老师。"倾心于民法教学的他，对法大民法研究所这个团队有着深厚的情感，与二十几位同仁一起，让"爱岗、敬业、爱学生"的思想得以传承。

　　走进刘心稳老师的民法课堂，就会被融洽且活泼的气氛感染，他丰富翔实的讲解、鞭辟入里的分析、间或穿插的幽默、时不时引发同学们的欢笑，总是在点燃着同学们学习民法的兴趣，激发着同学们认识和维护私权的民法思维，锤炼着同学们的法律关系方法论。任教治学，讲究厚积薄发，多年的教学经验使得刘心稳能够准确把握同学们的听课状态，在有限的时间内，帮助同学们提升学习效率。从 1983 年毕业留校任教至今，这方三尺讲台见证了他走过的每一步。与学生互动、与民法研究所团队交流学术、进行教学科研，这些都让他乐在其中。他不欣羡名利场上的淘金者和逐权成功者，只求"身心自由"。他选择专心做一名大学教师，即使桃李不言，也终有花香满蹊径。

想要做一个很努力的人

青年时期的刘心稳曾经历过一段非常艰苦的求学历程。因为遭遇"文革"，1968 年，他被迫在初中阶段终止了学业，直到 1979 年才考进法大。十多年间，他当过农民、农村基层干部、铁路工人、乡镇企业业务员、初中民办教师。无论生存环境如何变换，不变的是，他从未中断学习。文学、语言、历史、经济、地理、哲学，他求知若渴，认真阅读每一本能够拿到手的书籍。哪怕是在农村辛苦劳作的日子里，他也用白纸自制成巴掌大的小本子，坚持记一些学习笔记、思想心得，并学习用诗词寄寓自己的情怀。别人都是把词典当成工具书，需要用时才翻看，他却把偶然借到的一本简明哲学辞典手抄了十多万字，"一元论""二元论""唯物主义""唯心主义"等词条的内容成为他哲学上开蒙和思考的基础知识。刻苦的学习态度奠定了他日后在法大学习的主观能动性。当代学子或许很难想象，一位 1968 年初中肄业、1979 年已经二十多岁，在贫穷困顿的生存环境中啃窝头就咸菜，有时候连窝头都吃不上、一日三餐靠白薯度日的青年人，自学几何、三角函数、地理、政治等，连续三年参加高考，终圆大学梦。

久旱逢甘霖，欣喜不必言明。进入法大后，刘心稳酣畅地徜徉于知识的海洋。他从不觉得教室、食堂、宿舍之间三点一线的生活是枯燥的，各种娱乐活动对他丝毫不构成诱惑，一是囊中羞涩，二是兴趣不在。对他而言，专心读书治学，就是最大的乐趣。刘心稳为人热心真诚，大学期间八个学期，他七个多学期都坚持为 1979 级全年级同学义务领取和分发报纸和信件。七个多学期的每个上午和下午，他日复一日地每天两次奔走于教学楼一楼收发室和四楼十二个班的教室之间，将本应由各班同学分别轮流完成的工作一肩挑起，让同学们能够更及时地收到报纸和信件。若从当今的视角来看，刘心稳不仅热心，还是个真正的"学霸"，大学期间三十几门课，他有一大半的成绩是优秀。四年中，他三年被评为"三好学生"，一年被评为"优秀学生干部"。1983 年毕业季，他和全班同学共同努力，所在的 1979 级一班被评为"北京市先进班集体"，集体参观了人民大会堂、中南海等。尽管如此，他仍认为自己在大学四年中有许多事"应当做好而没做好是一种遗憾"。刘心稳评价自己"也就算中等智商和学力吧"。就他的经历客观地看，他有一种坚守的韧劲，有一种认准了道路就努力的劲头。"让自己做一个很努力的人。"他自己这样说。

大学读书期间他喜欢民法，课堂之外的阅读，最初是国内最早的民法教材《苏维埃民法》、"文革"前的民法论文。此外，十分幸运的是，江平老师、张佩霖老师等组织 1979 级少量喜欢民法的同学成立"民法学习小组"，他自始至终积极参加小组的学习、讨论，受到这些老师在民法专业方面的栽培。1983 年，他撰写的论文《试论精神损害赔偿》被评为优秀毕业论文。

毕业后留校，他在法大本科生院劳资科工作了一年，1984 年进入当时的法律系民法教研室，在张佩霖老师的指导下从事民法教学工作。1985 年，他撰写了民法学术论文《试论个体户所有权》，以"华夫"的笔名发表在《政法论坛》1985 年第 5 期上。在教学方面，起初作为助教，是带小班案例研讨课，1985 年为 1982 级的同学大班讲授所有权理论，1987 年被破格聘任为讲师。同年，法大昌平校区正式投入使用，他被任命为 1987 级新生的年级办公室主任，在昌平校区最艰苦的岁月里从事了一年的年级管理工作。1988 年，他辞去副处级待遇的年级办公室主任工作回到了民法教研室，此后在教学岗位上兢兢业业至今。在教学科研工作中，他先是精读了竖排版的史尚宽的《民法总论》《物权法论》《债法总论》，后来则是王泽鉴的"天龙八部"，以及大量的民商法专业论文,以民商法学理论和法律为核心建构着自己的知识体系。"喜欢教书,也喜欢民法专业,行政级别和职务不是我的选择,在民法教学岗位上工作才是我的第一选择。"他如是坦陈心声。民法教学是刘心稳的兴趣所在、职业理想的重中之重,"一上讲台开讲民法我就兴奋,就开心"。"看着同学们专心听课的那种神态,我内心的幸福感就油然而生。"他这样述说。他对教师这个职业,用三十多年的平静、专一、坚守,诠释了"热爱"二字。

因为热爱民法教学,刘心稳能够将教学中的心得融入著书立言之中。他参与合著的《民法学原理》曾创造了"一本书获得四个大奖"的佳绩(两个国家级二等奖,两个市、部级一等奖),个人撰写的《票据法》先是司法部部级规划教材、荣获"部级优秀教材",后来经过修订,又和他撰写的《债权法总论》成为国家级"十一五""十二五"规划教材,这种一人独立撰写两本国家级规划教材的现象,在法大并不多见。早在1988年,他就获评为司法部"部级优秀教师",多年来多次获得院级先进教师荣誉,2011年荣获校级"优秀教师特别奖"。

他始终坚持"需要做的事情就去好好做",不过分看重名誉。他坚信,为人师者,对自己的教职首要的是爱岗、敬业,同时,作为法学教师,在教学科研方面要独立思考,"思想盛开,清风自来"。

工作在一个爱岗、敬业、和谐、努力上进的学术团队中

刘心稳说,"民法研究所是一个爱岗、敬业、和谐、上进的学术团队",形容词可以有许多,他最终用这样的描述来勾勒自己心中的民法研究所。他还说:"我有幸工作在这个团队中,几十年来一直非常快乐。"得一位同道中人,悦哉;得一队同道中人,幸哉。对于刘心稳而言,民法研究所这个向上的团队是他心中的珍宝。民法研究所的前身是法大法律系民法教研室。在法大2002年6月进行院系调整改革之前,江平老师、张佩霖老师、田建华老师、杨振山老师等专业能力强、师德高尚的学者带领着民法教研室的各位教师潜心钻研教学,认真合力育人。民法研究所成立之后,继承了前辈教师"爱岗、敬业、爱学生"

的传统，为今日团队内的优良风气奠定了坚实基础。

提及诸位民法教研室的前辈，刘心稳说："一个团队的风气是上升的还是下沉的，与前人有很大关系。在向上的背景下，后来进入团队的人就会顺着轨道自然而然随之上升。"前辈们的敬业精神给他留下了深刻的印象。在他的记忆中，杨振山老师除了爱岗、敬业、爱学生，还对法大有着极深的感情。江平老师讲课充满着个人魅力，声音洪亮、普通话清晰标准，将对国家和法治的热爱融入每一堂课。张佩霖老师的课堂在那个时代则充满着创造性色彩，在案例教学并未形成体系的八十年代，他的每节课必定是以精心筛选的案例进行导入，鲜活生动，让学生学以致用。江平曾评价张佩霖是"几乎创造了一个全新的教学方法"。田建华老师和李慧君老师的课程讲授正规而系统，逻辑推演的体系严谨、完备，板书设计清晰，能完整反映授课思路，讲课时重点突出、内容全面，让人听后心里很舒展。而为人低调、献身中国婚姻法学几十年的巫昌祯老师，"在中国民法学界维护妇女儿童权益的法学家群体中，无愧为一个旗手！"刘心稳这样赞美巫老师。这些老一辈教师们还有一个共同的特点：凡是学生学业上的求教和求助，无不热情帮助。刘心稳回忆，1982 年他大三时创作民法学术论文《试论精神损害赔偿》，由于课题前沿、资料稀缺、难度很大，先后求教于张佩霖、杨振山、江平三位老师，均得到他们的悉心指导，江平老师主动把他手头的翻译稿借给自己参考，杨振山老师把他参加民法立法会议的信息讲给自己听，张佩霖老师则手把手地指导自己写作。有个沈姓的本科生，经常不事先联系就去张佩霖老师家里求教，张老师从不拒绝。江平老师对学生更是有求必应，刘心稳清楚地记得，1983 年夏天的一个中午，他到江老师家，江老师正围着围裙做午饭，一看他来了，关掉煤气就和他说话，说话之间，有个学生来家请江老师写个推荐信，江老师写完后还对那个学生说了一些鼓励的话语。刘心稳说，前辈们的言传身教一直激励着自己也要努力做到：凡是学生学业上的求教和求助，都要无条件地给予帮助。多年来，他也这样做了，学生求教的、求助写出国推荐信的、邀请参加学生活动的，只要他做得来，都给予帮助；法大 BBS 上时常有同学提出民法上的问题，即使提问者没有艾特（@）他，他看到后也会主动予以解答。

在谈到民法前辈老师时，令刘心稳感叹不止的是，他初上讲台时，张佩霖老师亲自听他讲课，课后耐心指导：讲课时要注意内容充实还要防止课堂沉闷；要抬头面对同学讲不要低头念稿，时常用眼神和学生交流；板书时因为背对学生就不能同时讲话，板书要注意条理、不能随意书写；不要孤立地讲法条和法理，必须和案例结合；教学一定要有课内课外的结合；等等。这些贴心的指导，已经成为刘心稳教学生涯中的珍宝、顺利进行教学工作的法宝，而且也是他坚守的信条。

"传、帮、带"三个字，在民法研究所的教学科研活动中，有着真真切切的体现。在老一辈教师的言传身教下，民法研究所继受好经验、传承好作风，涌现出一批优秀的青年教师。如鄢一美老师继受了李慧君老师的授课风格，条理清晰、逻辑严谨；费安玲老师师承江平老先生，以饱满、高亢的授课状态受到同学们的欢迎；李显冬老师或多或少受到了张佩霖老师案例教学的影响；朱庆育老师将杨振山老师重视理论研究的风格加以继承，写出的学术论文可读性很强，经得起琢磨和推敲；李永军、刘家安、易军、于飞等老师的课细致、严谨、逻辑性强、信息量适当，都有大量的"粉丝"。谈及自身，刘心稳说，自己的课，缺点是进度慢一些，有时发散得太开，如果说特点，就是内容上注意了细致性和系统性，方法上注意了课堂气氛避免沉闷，适当的课外练习和课堂讲授结合。此外，学习了江平、张佩霖等老师的做法，在 2010 级同学中组织了十一位同学成立了"民法学习小组"，每两个星期集中一次，进行民法相关问题的讨论和交流。这些同学中不少人已经从"民法一"到"民法三"都听他的课，"民法三"结课之后又有三个学期的"民法学习小组"的活动，对民法有了更多的学习心得和研讨收获。

民法研究所的团结向上还来自于整个团队的密切学术交流和教学研讨。长期以来，民法研究所在李永军、刘家安、刘智慧等负责人的组织下，每两个星期进行一次学术探讨活动，事先安排一两位老师做准备，集中活动时提出问题、发表意见，同事们各抒己见、展开讨论。在学术见解有分歧的情况下，对不同见解进行深入研讨，力争做到在教学中阐明通说、包容非主流观点。通过多年的坚持，民法研究所已经超越一般教学基层单位的定位，成为团结、向上的学术团队。

为达到优质的教学目标而共同努力，成为民法研究所全体教师的共识和志向，民法研究所不乏爱岗敬业的典范。法大民法教学的任务量极其庞大，每学期要面对"两个1800人"：1800名新生的"民法总论"课程和1800名学生的"民法二""民法三"课程，还有"案例研修课""民法实务课"等多门名为选修、实为学生抢课的所谓选修课，超工作量带课是多年来的一种常态。难能可贵的是，所内的老师往往以团队的专业工作为优先，甚至牺牲个人利益来完成教学工作，敬业奉献的事例不胜枚举。刘智慧老师长期担任教学副所长，需要管理大量的教学事务，同时兼任本科生学术班主任。她将主要精力放在教学中，不计个人得失，任劳任怨，常一人身兼两三门课程，更会在所里同事突发疾病的情况下站出来代课。陈冬青老师曾有一段时间因病短暂休假，而她在身体状况稍有起色时，便第一时间回归讲台。李韵秋老师甚至会每学期带专业主干课二百节左右，极大地缓解了民法研究所承担的课时压力。除了保证法大民法学科的正常授课，民法研究所还在"江平奖学金"评定和"学术十星"论文大赛评审工作中扮演着重要角色。天道酬勤，全所上下的耕耘之功有目共睹，在历届"最受本科生欢迎的十位老师"评选中，民法研究所都会占据两到三个席位。刘心稳说，对于学生而言，我们当老师的只是"做了自己该做的事"，常怀谦和之心，民法研究所已经成为法大不可或缺的一道风景。

饱含期望的师者，努力不止的学人

书山取径，学海泛舟，每位法科学子都应找到适合自己的民法学习方法。刘心稳总结自己多年的教学经验，向同学们由衷提出了两个方面的建议。

第一个方面，是希望大家能牢牢把握书本知识。"把教科书看明白、把课上好，掌握民法学习最基本的'三基'：一是基本概念，二是基本知识，三是基本原理。"刘心稳提到的这"三基"正是民法学习者构建自己学识上层建筑的必要奠基。为了帮助同学们打好基础，他在自己每学期的课堂上都会督促大家看书，撰写心得、案例分析、论文和读书笔记。十八周的课程内容是有限的，他试图通过以这些课外训练作为引导，帮助同学们找到民法学习的方法。

"头脑不是单纯的复印机"，打好基础是第一步，接下来更重要的是对相关课程构建自身的知识结构，他经常希望同学们构建"自己的知识结构"，也就是把书本上的知识转化为自己的知识。他举例说，要像《倚天屠龙记》中张无忌向张三丰学习太极剑，张三丰将剑法演示完毕后，问张无忌是否已经记住，张无忌答道："都忘了。"事实上却是化有形剑法为己所用，看似"都忘了"，实为已经完全吸收。刘心稳希望同学们对民法的学习也能做到这样，不是单单重复书本内容，而是在理解运用的基础上能有自己的见解。

第二个方面，是希望同学们能适当得法地进行练习。这里的练习不是指备战司考时做的大量习题，而是针对所学内容体验性地运用。既可以在练习题中检验自己对知识的掌握情况，也可以通过与同学的讨论研习来加深对课程内容的理解。

人的一生很长，应该"读万卷书，行万里路"；大学四年却很短，读书要有选择性。刘心稳认为，在大学学习阶段不要盲目追求"量"的积累，而应看重"质"的提升。针对每门课程，真正看好一本教科书、看懂一本专业著作，已经足矣。然而，有选择地读书不代表过早将自己的发展方向进行固定与局限，他不赞成当代青年人以"实用主义"作为自己行动的标准。事实上，每个人的未来发展都有诸多可能，艺多不压身，需时刻准备着。

"该学的要多学一点，分数不是最重要的，营养吸收了迟早帮得上忙，年轻时不要太实用主义"，他认为生命沿途或许会有无心插柳的机遇。1997年，在刘心稳从事票据法教学的第十一个年头，他收到了来自法大出版社的约稿邀请，希望他能撰写票据法教材。实际上，一向严肃认真对待教学工作的刘心稳早已为票据法积累下大量的手写讲稿。他接受了约稿，于当年暑假在研究生院窄小的筒子楼房间里开始了整理撰写工作。连续四十多天，他不舍昼夜，笔耕不辍。小屋里每天"西晒"时会特别热，他在破旧风扇旁准备着一盆凉水，热得受不了时就用凉水洗脸，以保持清醒。在整理了三遍之后，他终于向出版社交上了票据法教材的定稿。这部教材，先是被评为司法部部级优秀教材三等奖，数年间多次再版，后来又成为国家"十一五""十二五"规划教材，是他教学研究道路上的成就之一。这个小小的成就，也时刻提醒着他，生命不息，钻研不止。

回顾自己站在讲台上的三十余载，有幸福、有欣慰，也有遗憾、有期待。刘心稳热爱教学，在传道授业解惑中实现人生价值。他热爱法大，从二十五岁开始，他在这里安身立命、成家立业。他热爱学生，坚守师者应有的原则，他说，最近几年清醒地认识到，自己作为老师在教师节等节日接受学生的礼物很不合适，因此，他近些年对自己的研究生"哪怕是教师节的一朵鲜花也不会收，因为求学阶段的同学自身没有经济来源，礼物的开销都要从生活费中出"。他还希望高校中能形成一种师生间用学术来交流心意的高尚风气，避免师生关系被"送礼"的风气裹挟。他也期待着高校能从领导层和各部门加快"去行政化"的步伐，管理机构应当消除"权力意识"和"行使权力的作风"，真正从方便师生、服务同学的角度出发制定制度，增强人性化管理。

作为一名教师，他用粉笔书写青春，坚守岗位，不懈耕耘；作为一名学者，他不以名利为风向标，踏实治学，专心致志。他在教学工作中实践人生理想，在民法研究所里找到归属感。退休不是他学术生涯的休止符，而是另一个起点。在法大学子心中，他永远是那个和蔼风趣、师德高尚的"稳爷"。

怀揣感恩之心，让我们由衷祝愿：心稳老师，我们爱您。

刘艳敏

丹心热血沃新花

文/郭佳蓉

　　刘艳敏，刑事司法学院副教授。任教二十余年专注于刑法学教学工作，常年坚持为本科生开设"刑法学总论"等课程，并创新案例教学模式；2012 年指导北京市大学生模拟法庭竞赛为中国政法大学赢得第一个一等奖，并摸索总结经验，为之后的数届北京市和全国大学生模拟法庭竞赛取得优异成绩奠定了基础。为此获得了广泛认可和好评，于 2013 年、2015 年连续当选为第五届、第六届"最受本科生欢迎的十位老师"。

你学　或者不学　刑法就在那里　不悲不喜

你听　或者不听　老师就在那里　不舍不弃

你愿　或者不愿　考试就在那里　不来不去

你悔　或者不悔　分数就在那里　不增不减

来刑法这里　或者　让刑法住进你的心里

自由　平安　快乐　美丽

　　　　　　　　　　　　　　　　　　　——刘艳敏

　　"一说遗弃罪时，你首先想到的是什么?"台下的学生七嘴八舌，刘艳敏接着说道："哎，就是爸爸妈妈生了个小宝宝，一看，哇，丑死了，扔掉吧，这就是最简单的遗弃。"

"这个罪名主观方面需要明知对方是精神病人或痴呆妇女，如果不明知的话要推定明知，但如果大家都觉得这个被害人是精神病，就你认为她是正常人，哎，那这时候就要对你进行司法精神病鉴定了。"

"这次考试呢，我个人建议大家最后做多选，因为呢，反正你也得不了几分。"

"我的学生最高分考过九十八，那两分是我生扣的，阅卷的时候我看到他在回答时写了一句矛盾的话，我一看：欸，这儿！扣两分！因为你得一百分呢，首先是对出题老师的不尊重。其次，别的同学就没有前进的动力了。"

"我永远是你们的朋友，你们永远是我的天使。"

有同学说，跟刘艳敏老师相比，整个春晚的语言类节目都得甘拜下风。

她是教学严谨、方法独特的刑法学老师，注重对学生们学习兴趣的培养，为了让同学们感受到刑法的实用色彩，她将自己兼职律师期间遇到的形形色色的案例与刑法的严肃和沉重结合起来，活灵活现地描述，让整个课堂欢声不断。

她也乐于跟学生亲近，喜欢接受一些新事物，在刘老师的"人人网"日志上"童鞋""肿么破"各类表情等层出不穷。她也会在上传了一篇日志后发现无人问津时发状态"委屈"地询问："亲们为什么不赞我的日志了，是不爱我了，还是不爱我了？"

她的课常常爆满，经历了初选时"拼人品"的抽签，正选时"拼网速"的惊心动魄，即便最终与她的课擦肩而过，却也依然会有许多同学，心甘情愿地抱来小板凳坐在教室走廊上听课。

兴趣刑法，明白刑法，疑问刑法

喜欢听，却也不能"只听个热闹"，课堂如此受学生欢迎，刘艳敏自然有自己独到的教学理念。她将自己的课堂分为三步：兴趣刑法，明白刑法，疑问刑法。

首先，兴趣是最好的老师。一门课，没有兴趣去上，那么肯定不会拿出精力认真地学习，要让大家感觉有兴趣的话，一个比较简便易行的方法就是让大家觉得这门课有用，实用色彩比较浓，让大家感受到刑法就是发生在自己身边的事，通过身边的一些小例子着手，让大家产生兴趣，愿意接触它，这样才能使学生产生兴趣。刘艳敏也会把研究过程中以及跟其他老师学习交流得到的新知识新理念带到课堂上，扩展学生们的眼界。

但是刑法毕竟是一门学科，它确实有它的严肃性，然后就是第二步：明白刑法。对刑法产生兴趣以后，要对基础原理、基本理论搞明白。

最后是疑问刑法。在明白的基础上，要对刑法理论的一些问题提出疑问，带着疑问去深入地学习和研究，发现真知，发现真意，这样能够使大家对刑法产生更大的兴趣，甚至产生更深远的影响。

刘艳敏每学期还会将整理好的课件、精心挑选的案例、练习题以及重要法条发送至教学公邮，供学生们学习，每学期结束后还会及时发送成绩说明和解释。

这样的刘老师，自然会有学生频频"带盐"（代言）。

半个朋友半个妈

在每学期末的最后一节刑法课上，刘艳敏都会向台下的学生说这样一句话："我，永远是你们的朋友，你们，永远是我的天使。"

刘艳敏的同事——刑法学研究所的方鹏老师曾这样描述："刘老师经常把学生称为'小宝''孩子'，挂在嘴边的口头禅是'今天给孩子们上了一天课''今天和孩子们一起去春游了''今天参加孩子们的论文答辩了''孩子们要毕业了，我很伤感'。刘老师从来都把学生当作是自己的孩子和家人，不只是以教师的身份去教育她的学生，而更多的是以母亲的身份去培育她的儿女。正是这种对师生关系的认知和无私的倾情奉献，使得刘老师赢得无数学生的热爱和敬重，使她当之无愧地成为最受学生欢迎的老师。"

在她的"人人网"里，还有一封写给法大 2008 级学生的信。当时因为医生误诊，刘老师做好了入院治疗的准备，无奈中推掉了 2008 级两个班共计四百多人的课。在这封信里，面对众多同学的惋惜和遗憾，她也为这一件事向学生表达了愧疚，字字诚恳，情真意切。

对于这一点，与刘艳敏老师相处较多的法大刑事模拟法庭比赛队员更是深有感触。

法大 2014 级新闻学研究生、多次参与模拟法庭比赛准备工作的谢小杭提到，每次去老师家，总会看到刘老师为学生准备的大量资料、课件等，对于学生们发到邮箱的一些问题，她都会一一认真回复，包括有的同学情绪不好找到她，她也会耐心地开导。

每次比赛前，刘艳敏都会制订非常严谨的准备计划，召集队员集体开会、分工，认真地去商量研讨，同时根据备赛的一些情况，排出各种模式，一遍遍地试，还会请和自己比较熟悉的检察官、律师、法官以及往届的老师评委过来指导队员们训练，有时候一练就是一整天，从清早一直到晚上九十点。

模拟法庭比赛队员说，刘老师会与学生们平等地沟通，平等地交流，会照顾到每一届队员的心理，不是一个独断专行的人，会听取大家的意见，也喜欢作平等正面的沟通。而当比赛失利时，刘老师也会特别难过，她的难过都是心疼"孩子们"的付出没有得到应有的回报。

除此之外，老师还会经常把队员们叫回家吃饭，亲自下厨做面条，包饺子，为"孩子们"改善伙食。

在有次模拟法庭比赛备赛的后期，她的腰部出现了一些问题，在家休息了很久，但仍然坚持在训练赛的时候一直出现，还经常带着家里的小狗。

"模拟法庭最吸引我的地方是接触到了一群非常非常好的学生，他们真的像孩子一样，他们对我非常好，我非常喜欢他们，我们的关系既是朋友，又是教练和运动员，更是母亲和孩子。"

是"老佛爷"，也有"少女心"

刘艳敏老师拥有这样一个外号，"老佛爷"。

如果你也感受过刘老师的课堂，那你一定不会疑惑，授课时坐在讲台上的刘艳敏，抑扬顿挫地将各类或惊悚或滑稽的案例娓娓道来，台下的学生随着她的讲述或感叹或惊讶或大笑，这时候的刘艳敏，"真真"是有运筹帷幄的气度。

但生活中的刘艳敏，却格外爱好文艺，诗意满满。在她的朋友圈里，或感慨时光流逝，或赞叹春华秋实，或记录岁月点滴，几乎每一段话都会配上漂亮的配图，与文字相得益彰。

陪陪父母，看看书，聊聊天，遛遛狗，这是她课余生活的写照。离开了备课的疲惫，离开了比赛的快节奏，她的生活，趣味无穷。

幽默、风趣、尽心、尽责，这就是刘艳敏老师，她用心浇灌一片沃土，让爱发芽，悉心关怀，陪伴年轻的心灵成熟。她是老师，是朋友，是贴心的长辈，相信在未来，她也一定会感染更多的法大学子，让更多的学生爱上刑法，爱上法学。

刘玉学

让知识润物细无声

文/周　思

刘玉学，1964 年毕业于首都师范大学中文系。曾任中国政法大学人文学院中文与新闻专业教授，东方书画院院士，一级书法家，北京写作学会创始人之一、中港澳国际新闻报社高级顾问兼资深记者。在中国政法大学等高校担任本科生和研究生的"基础写作学""文学写作学""新闻写作学""法律文书学""文书写作学""文学概论""中国传统文化学""中国古代文学史""现代汉语""大学语文""大学写作""美术鉴赏"等课程的授课老师，并广受学生赞誉。获北京"科研论文一等奖"与"科研专著二等奖"。于2002 年当选为第一届"最受本科生欢迎的十位老师"。

亲爱的刘玉学教授：

首先我代表人文学院新闻班的全体同学向您致敬！

向讲台上孜孜不倦、授业解惑、风趣幽默的您致敬；

向生活中温文尔雅、平易近人、亦师亦友的您致敬；

向院报编辑时指点迷津、倾力相助的您致敬……

很荣幸地，我们这届人文学子成为您的最后一批学生。记得在中国传统文化课上您说："佛，乃觉者，度众生也。"也就是从那时起，我们开始戏称您为"刘佛"。在课上，我们不仅学到了丰富的文化知识，更懂得了许多做人成才的道理。因此，我们在大学殿堂里的第一步已经能够迈得平稳而有力。

在您即将告别教学生涯时，我们写这封信给您，只是想表达我们对您崇高的敬意。我们知道，我们的成才之路还很漫长，在人生的旅途中，我们要学习的、要面对的还有很多很多。但是，您的谆谆教诲，我们将永远铭刻于心。它会像一盏长明灯，点亮我们的人生，指明我们的奋斗方向！

您说过，本学期的"大学写作"课您会一直为我们上完，我们在表达敬意的同时，更要表达我们深深的谢意。我们也坚信，我们的师生情谊永存！

最后，我们祝愿您能和其他所有幸福的老人一样，拥有一个夕阳般温暖的晚年生活。

这是 2003 年 3 月，法大人文学院新闻班全体同学在刘玉学教授即将退休时写给他的一封信。信并不长，但短短的几百字却道出了学生们对刘玉学的尊敬与爱戴。对刘玉学来说，在即将告别讲台生涯时能够得到学生们如此的认可，是再欣慰不过的了。在他心中，让学生快乐地学到知识是他作为教师的最高追求。

从站上讲台为学生讲授知识的那一天开始，刘玉学就有个想法：学生是老师的服务对象，学生对老师教学好坏的反馈应该受到重视。于是多年以来在打造自己的教学风格时，他首先想到的是怎样设计一些角度新颖的知识点，怎样用语言把知识点更形象地表达出来，从而让学生"爱听、听懂、听会"。同时，刘玉学一直坚信感染力重于说服力，在教授知识的过程中，他认为师生之间的双向交流是必要的。老师应该在教学时注入自己的感情，以此来获得学生的共鸣——"让知识如当春好雨般潜入学生们的心灵。"这种灵活的教学方式自然对教师提出了更高的要求，而刘玉学多年来一直在做的就是不遗余力地、"润物细无声"式地把知识传授给学生。

几年前刘玉学还未退休时，他教授的"大学语文""中国传统文化"等课程一直备受学生追捧。2002 年，刘玉学凭借他在学生中的超高人气被学生评为第一届"最受本科生欢迎的十位老师"。成为学生心中最喜爱的老师之一，刘玉学深感欣慰，"这是同学们对我工作的认可"。如今刘玉学已经退休，但他独特的教学方式还是给学生们留下了很深的印象。一位上过刘玉学课的同学回忆说："刘老师注意在轻松、幽默中传播知识，常在课堂上启发我们进行深层思考。从他身上我学到了很多宝贵的知识，这些知识对我来说终身受益……"

除了给学生讲授知识，刘玉学还十分重视引导学生们树立正确的人生观和远大的理想。他常说，"君子不器"。面对生存竞争与事业竞争，把自己培养成有多种用途的人，成为有特定专业技能的文化人，应该是当代大学生的目标。这就要求大学生们扩大知识面，多读、多听、多看、多思、多实践，尽力把自己培养成多智、多谋、多能、多技、多善的"一专多能"、有深厚人文底蕴的"文士"——这是启智拓能的起点。一位刘玉学的学生回忆起老师的教诲，印象最深的就是他常常强调的——"大学生学习要刻苦，要发扬'读书破万卷'和'行万里路'的治学精神，切勿染上攀比与吃喝的不良习气。"

作为一名人文学院的教师，刘玉学对"人文"一词也有着自己的理解。就一个个体的人或是团体而言，如果缺少自我的人文精神及相互间的人文关怀，很难做成一番事业。同时，作为一名研究中国传统文化的学者，刘玉学认为中国传统文化既是一种历史的概念，也是一种发展的概念。它有着博大精深、广纳大千的胸襟，有着不断创新、与时俱进的品格。传承民族传统文化、创新社会主义文化，是时代赋予我们的责任。传统文化会向着更好的、更有生机的方向发展，会有越来越多的高校开设这门课，会有越来越多的人接受它、学习它。

除了教书育人，刘玉学还酷爱书法，善篆隶，他的部分书画作品曾刊登于《北京日报》《北京晚报》及一些书刊杂志，小篆《清·四言诗》与隶书《陋室铭》曾获"神州书法金奖"并刊发于《二千年中国艺术家长卷》。

现在的刘玉学退休在家，但他并没有因此闲下来，仍继续着自己多年来对中国传统文化的研究，孜孜不倦地进行着自己喜爱的书画作品创作，享受着充实、健康、愉快的生活。然而，学生仍然是他"割舍"不了的一份"牵挂"。对于刚刚踏入法大校门的学生，刘玉学老师给他们提出了一个小小的要求："法大为你们提供了良好的学术环境，因此不管你是学什么专业的，必须在学好专业知识的同时，博览群书，广开视野，为将来迎接生存竞争和事业竞争打下良好的基础。"

他，刘玉学，就是我校"最受本科生欢迎的十位老师"之一。

一位把教书看作一种艺术的教师。

一位让知识"润物细无声"的教师。

一位从心底里关爱着学生的教师。

刘 震

幽默演绎哲学人生

文/佚 名

刘震，博士毕业于山东大学哲学与社会发展学院中国哲学专业。2007年7月，任中国政法大学人文学院哲学系教师，现任中国政法大学人文学院哲学系教授。刘震学识渊博，授课风格幽默诙谐，深受学生喜爱。于2011年、2013年、2015年，连续三次当选为第四届、第五届、第六届"最受本科生欢迎的十位老师"。

"天行健，君子以自强不息；地势坤，君子以厚德载物……"明月高悬，下课将近，他却似不知疲倦般，仍然在讲台上讲得激情澎湃、兴致高昂，不时引经据典，似与先贤哲人共议；不时趣语横生，引得学生忍俊不禁，连一点走神的心思都生不出来，只聚精会神地随他畅游在《周易》的世界里。课堂终了，掌声雷动，同学们陆续离开，他的工作却远未结束。他被学有疑惑的学生们团团围住，解答起一个又一个艰涩难懂的问题，正如当年传道授业解惑的先哲般，孜孜不倦，一丝不苟。

他就是人称"周易小王子"的刘震老师。

"今有一人，名曰刘震，年四十有余，喜玩笑于课堂之中，弘《易》于校园之际，常年混迹学校各个阶梯教室，明阴阳，晓八卦，知风水，通纳甲，言说《周易》字里行间之微言大义，胡言乱语成校园一景。"洋洋洒洒数十字，一个潇洒的学者形象跃然纸上。

中华典籍浩如烟海，百家之学各有千秋，哲学经典不胜枚举，刘震老师为何独独选择了《周易》？他又是如何与《周易》结下不解之缘的呢？

法大"周易小王子"名号又从何而来？

"我父亲就是研究《周易》的，所以我较早就开始接触《周易》了"，刘老师如是说道。自幼接受《周易》文化熏陶的他，在进入山东大学学习后，更是对《周易》产生了愈加浓厚的兴趣，并在硕博期间从事相关学术研究。结束学业之后，刘震老师来到中国政法大学，"传道授业解惑"，于小月河畔与军都山下讲授《周易》文化。

初到法大时，由于和学生的接触不多，对同学们的课程兴趣又了解甚少，刘老师对自己的课程也曾忐忑不安："大家会喜欢这门课吗？我真的能讲好吗？怎么才能让同学们听进去呢？"为了更好地传播《周易》文化，让更多法大学子充分了解《周易》内涵，他充分思考、反复琢磨、仔细推敲，在前期备课上下足了功夫。最终功夫不负有心人，在开课的第一个学期，刘震老师开设的"周易概论"便有超过750人选课，一跃成为法大当时通识课程选修人数之"最"。时至今日，刘震老师的《周易》系列课程依然是法大备受追捧的课程之一。其本人也因其风趣幽默的讲课风格与谦卑自牧的君子风范被学生赠予雅号"周易小王子"。

一丝不苟传承周易文化

怀揣对学生强烈的责任感和赤诚真心，刘震老师从未间断对教学内容和形式的改进与完善。从"周易概论"到"易传与人生"，再到"周易与中国传统文化"，变化的是日渐丰富的课程安排和与时俱进的授课形式，不变的却是刘震老师发于本心的"弘易"之愿。"大学是同学们逐渐走向成熟的重要人生节点，我希望我传递给大家的《周易》智慧，能让大家在校园中甚至步入社会后都有所受益，照亮每一个人的远大前程。"

尽管《周易》系列课程每学期都有开设，选课学生也次次爆满，但仍有部分同学没有机会接触《周易》文化，甚至对《周易》存在误读，这更让刘震老师感觉自己任重道远。"借助一方课堂，我希望让更多同学能正确地认识到《周易》的思想与内涵，以及它们与大众的误解究竟又有哪些不同。"这该如何做呢？刘震老师在不断思考中有了答案。在他看来，作为通识课程，《周易》系列不仅要结合同学们的学术背景，做到深入浅出，更要把握《周易》自身的学术特点，选择行之有效的教学方式。疫情期间的网络教学给刘震老师带来了新的启发，"网课是一个很好的选择，如果能结合当下同学们关注的热点进行教学就更好了，教学效果将会大大提升"。因此，他开始以"周易小王子"为名在 B 站开坛授学。截至目前，他已开设《从〈周易〉看疫情》《解读〈系辞〉》《人文化成》等多个系列直播、录播课，不仅方便同学们了解《周易》，更向全社会传播了《周易》智慧。

《周易》智慧之博大精深，恰如刘震老师在《典籍里的中国》中介绍的，悠悠千年，岁华摇落，《周易》经历了漫长的演变。上古伏羲画天地之象，中古文王演易经之道，近古孔子及弟子后学注《易经》而成《易传》。古圣先贤，仰观天文，俯察地理，在物换星移之间寻找乾坤变化，推天道以明人事，始成今日之《周易》。《周易》的内容绝不限于占卜术数，更承载着中国人感知世界、总结规律的思想成果。如何将此等智慧传递给法大学子乃至社会大众，成了刘震老师不断探索、不断钻研的问题。"我常常想，《周易》的研究与教学不应只停留在课堂、书本，一定要与今天的时代发展与民族复兴相结合，只有努力回应时代命题，《周易》的发展才能真正具有生命力。"自 2020 年开始，刘震老师主办了"人文化成"系列学术讲座，该系列讲座以线上分享的形式，邀请国内外的一流学者与传统文化践行者，分享学界最新的研究成果，探索传统文化在当代普及与发展的新路径，向全社会传播了中国传统文化的智慧。

携周易文化冲出法大，走向世界

作为《周易》研究学者，刘震老师曾多次受邀前往国外著名学术机构开设《周易》专题系列讲座，向国外友人展示博大精深的《周易》

文化，并受到海外听众一致好评。他在美国威廉玛丽学院举办的讲座，更是以专题新闻的形式在中央电视台中文国际频道报道播出。"西方学界对《周易》的态度普遍是友好的、推崇的，海外群众也很渴望能够有更多机会了解中华优秀传统文化"，谈及在海外讲学的经历，刘震老师对未来中华文化走向世界充满信心。他认为中国文化走向世界需要认真考虑文化差异、理解文化特性，只有秉承求同存异的胸怀，方可与人同心，促进文化传播，使世界真正了解中国文化。为了减轻讲学过程中语言、文化差异所带来的干扰，刘震老师总会提前准备好双语课件，并委托专业人员与孔子学院老师，帮助他进行语句修饰、校对定稿，从而保障讲学在最大程度呈现《周易》原旨的前提下，更好地被当地民众所理解。

《周易》文化绵亘悠长、博大精深，不由令外国朋友心驰神往、满心好奇。每到一个地方讲学，刘震老师总能听到一些相似的提问：几千年前的典籍如今是否还有参考价值？《周易》文化又因何得以绵延千年？每有类似的问题，刘震老师总是对此细心解答：岁月厚重漫长，但人类对终极价值的思考、对善良和公正的追求却能跨越时空。行今日之事，当思先贤之启示，博大精深的《周易》文化，乃至其背后源远流长的中华文明，之所以时至今日仍熠熠生辉，离不开中华民族取其精华、去其糟粕、不断学习、不断借鉴的广博胸怀与创新精神。"这是《周易》的韧性，更是中华文明的韧性。"

穷理尽性，以至于命

对于法大学子，刘震老师送上了自己的期待与祝福："《易传》中有云'穷理尽性，以至于命'，这指示我们在人生中一方面要科学把握自然的变化规律，另一方面，则要将客观规律与内在的心性融为一体，从而使得自身行为与天地自然相和谐，达到大易意境的天人合一。"他希望《周易》知识可以在每一位法大学子心中成为化育善端与慧根的春雨，帮助大家勾勒自己的多彩人生。

掌握命运，从心所欲，这是《周易》的智慧奥义；传道授业，文化育人，这是刘震老师的不易坚持。漫长历史中，《周易》之理润养了文明大道；青青校园里，刘震老师的初心始终如一。激情澎湃的课堂讲授，因材施教的教学风格，以身为表的行事作风，海纳百川的君子襟怀……以今人视角承古人之智，担师者使命传先贤之音，《周易》文化存续千年，刘震老师愿做去芜存菁的园艺师，让大家在这座百花齐放的文化花园里，识读《周易》，自在从容。

刘智慧

"智慧姐姐"在爱中传承理想

文/米　莉

刘智慧，法学博士，中国政法大学教授，现任法律硕士学院副院长，主要研究领域为民商法。刘智慧授课细腻、形象、条理化强，课堂气氛活跃，很受学生喜爱。同时为人亲切友善，对学生乐于奉献，2015 年、2017 年当选为第六届、第七届"最受本科生欢迎的十位老师"。

"智慧姐姐""智慧家园""智慧园长""智慧麻麻"……这许多带着"智慧"标签的称呼，都与在法大当了二十多年老师的刘智慧有关。这些称呼既表达着学生们对她的喜爱和信赖，更饱含着她对学生们数年来的付出和心血。点点滴滴，日积月累，岁月带来了风霜雪雨，带走了青春年华，却刻画下了刘智慧在法大的智慧理想和无悔人生。

1987 年，作为法大昌平校区的第一届学生，她和其他 1987 级的同学们一起，以拓荒者的身份来到军都山下开始了自己的求学生涯。"拓荒"成为他们生命中最不可磨灭的一段记忆，体育馆前那尊昂然阔首又静默无言的拓荒牛，便是由 1987 级校友捐赠给学校的。对于刘智慧他们来说，回想起当年的时光，总觉得，拓荒没有什么不好，一切都欣欣向荣。1994 年，刘智慧研究生毕业，留在法大任教，从此后，一位可亲可敬的，让一届又一届法大学子念念不忘的"智慧姐姐"，便成为这个校园里最不可多得的风景。

如果不这样做，自己都过不去

2006级民商院的韩萌萌回想起刘智慧老师讲过的课，大一的"民法总论"，虽然已经过去了十多年了，但她仍清晰地记得，刘智慧老师是如何认真而负责地上完每堂课，从不迟到不早退不调课，每一分钟都有内容，讲课非常细致有条理，一个学期下来，没有一秒钟的敷衍。而在法大BBS上，凡有人问起刘智慧上课怎么样，总会有人在后面回帖说，刘老师的"民法总论""物权法"都讲得非常好，备课认真，讲课细致，体系清楚……

作为一位负责任的老师，刘智慧对教课始终保持着热情和专注。刘智慧觉得，认真备课是教师的本分，无论如何疲惫，只要一上讲台便如同打了鸡血，进入兴奋状态。对她来说，讲课不是负担，她只是喜欢上课，更希望通过自己的努力去影响更多的学生。即使在教了许多年课之后，她也丝毫没有觉得备课讲课就轻松了。她说，在今天这个知识的流通及传播途径以几何级数增长的时代，学生们所掌握的知识，日益成为对教师的一种挑战，让人永远无法感到胸有成竹，更不敢去谈驾轻就熟或游刃有余。而要想以已昭昭，使人昭昭，就不能放弃对新知的追求。所以即使讲课讲了二十多年，却感觉压力越来越大。也正是带着这样始终如一的责任和热爱，她的课受到了一代又一代法大学子的追捧，同学们说，"选课就要选'智慧姐姐'，不选后悔一辈子""这么好的老师怎么能让她有课余量……"

刘智慧的课是很多学生对于法大的记忆之一，而做过刘智慧的学生更是一件让人幸福的事。刘智慧的学生们都会把自己归属为"智慧家园"的一分子，而当他们想起刘老师，都有说不完的故事，表达不尽的感动。2014级研究生肖玲记得刘老师会叮嘱天冷加衣、会拿着自己的围巾帮她围上，会在她难过时第一时间询问她的状况，会一字一句给学生做论文批注，会仔细提点研究生期间的规划，还会每周不误地参加她们的读书会。2013级研究生陈晓璇说，刘老师给予我们的不仅是知识的传授，还有生活上无微不至的关怀和人生规划的指引。在她心中，刘老师是每周一期的读书会上耐心倾听、与自己分享感悟的智者，是元旦联欢会上同乐的伙伴，是细致入微地批改论文、督促他们修改完善的严师，是在迷茫或失意时呵护、陪伴他们的慈母……

为什么会对学生这么好？刘智慧觉得自己所做的一切都是应该的，她微笑着说，每个在外求学的孩子都非常不容易，我对他们的关心都是应该的，而且她觉得自己对每个孩子的成长都有责任，要用自己的行为和态度去影响他们。以身作则，身体力行，"如果不这样做，我自己都觉得过不去"。

有时会觉得累，但她却用"累并快乐着""辛而不苦"来形容这种累。相反，她觉得，相比自己的付出，学生们反馈得才更多，就像现在天南海北发来的信息和祝福；就像即使二月的生日都过了，学生们还会在开学后专门为她庆祝生日，录上每个人的祝福，送给她惊喜……她感到，在与学生的相处中，自己付出的只是做了一点点应该做的事情，收获的却是一份份沉甸甸的情感，一次次快乐和感动。

师道传承，因为发自内心的快乐

万物苏醒春回大地的 3 月，是让刘智慧很敏感的月份。因为正是在这个月，她实现了自己梦寐以求的愿望——做一名光荣的教师。2001年，在执教的第八年，她在接受校报采访谈感受时说，除非意外，教师这个职业将是我终生不弃更无悔的选择。时光如梭，2015 年，她仍旧庆幸自己成为一名大学教师，并深深体会到讲台是一种最为神圣的平台，教师是一个延续生命的职业。

在刘智慧的生命中，教师这个神圣的职业一直与她有着不解之缘。因为在她的成长过程中，老师对她产生了非常大的影响。小时候为了带弟弟，刘智慧直接从三年级开始读，什么都不懂的她却遇到了一位懂教育有智慧的好老师——她的小学老师王聚英。在凉城的那个小学校里，王老师对没有任何学习基础的她关爱有加，以鼓励和理解给了幼小的刘智慧莫大的支持和力量，刘智慧对王老师一直心存感激，如今每次回老家都会去看望王老师；而作为法大终身教授江平先生博士生中的第一个女弟子，刘智慧更是对江先生充满敬爱之情。江平老师的铮铮铁骨，"只向真理低头"的坚毅和为中国法治建设奔走呐喊的胆识，不仅是她，也是法大人、中国法律人心中永远飘扬的一面旗帜，是精神寄托。刘智慧说，江平先生对学生不仅是一位老师，更是一位慈爱的父亲，他言传身教，不怒自威。江平老师为中国法学教育发光发热，而作为江平老师从事教育工作的一个学生，就算再没有出息，也总得对老师的事业有所传承。她曾经对江平老师说，培养学生既需要阳光，也需要水，作为教育者，自己可能做不了太阳，但一定要把水源做好。或者说，即便无法做到发光，也会努力发热。

带着这种对师道的传承和发扬的心愿，刘智慧始终对于教师职业心存敬畏。她说，教师是一种精神理想的耕耘者，需要有一种终身献身于教育事业的情怀。她不止一次地思考，作为教师，最大的幸福是什么？论文发表、科研获奖、课题申报成功，这些中的任何一项都能够带来被承认的愉悦，但这些带来的往往只有短暂的快乐，却无法让躁动的心灵得到润泽。对于她来说，做教师最大的幸福就是从中获得的乐趣。其中第一个乐趣就是永远可以跟这个国度里最优秀的青年人在一起交流切磋，课堂内外，不同时代，和学生们关注的不少问题有颇多相似之处，在心灵上便有了一份超越时空和跨越年龄的默契，这种心灵的共鸣可以随时激发互动的热情。作为老师，无论是站在讲台上还是混迹在学生们中间，她时刻可以感受到青年人的理想、热情、激昂和灵感，她会为学生们身上洋溢着的青春活力而感动。这个职业会使她永远不老，所以她由衷地热爱。同时，做教师还会给她一种难得的享受，可以实现自身的价值。传道授业解惑，这本身就是个人价值的一种体现，并且极其容易让自己感受到自身的价值。她发现，只要真的对教学倾注了心血，收获就是立竿见影的——三尺讲台对面的观望与欣赏。当学生们的双眸由大惑不解显现为茅塞顿开，这种反馈带来的愉悦直摄灵魂。

人生苦短，刘智慧觉得，很少有人不想使自己的生命延续。对她来说，作为母亲，她自然生命的延续有赖于女儿；作为教师，她事业生命的延续在于学生。而为了生命的延续，她必将倾注毕生的心力。说到这里，她再次感慨，向往做教师，喜欢做教师，终生做教师，她的教师情结，说到底不过是自己的私心而已。而这份可以延续生命的职业，却能带给她发自内心的快乐，如今，这种快乐又在传递着，她女儿目前初步的职业理想也是大学老师。对此，她感到格外欣慰和骄傲。

倾心热爱，为了坚守那份教育理想

总结二十多年来的工作，刘智慧只用了三句话：爱教师这份职业，爱自己的学生们，爱所在的这所学校。而关于爱，她觉得，爱是一种发自内心的坚守，可以温润自己，温暖他人。

刘智慧一直说自己是一个幸运的人。她一生遇到的老师都是给予她帮助和关爱，指引她成长和发展的好老师；在法大，她的学业和事业都发展平稳，无论是评职称还是作为民法研究所的一分子，她都获得了同道者的肯定和赞赏。对于这一切，她非常感激，并将其深刻地理解为一种理想的传承。

从学生时代到现在，刘智慧在法大已经度过了三十余年。她身上刻上了浓浓的法大人的印记。她记得那些好老师，她深爱着自己所在的民法研究所，她对这个校园充满了情感，尤其理解很多同学毕业后总会"梦回法大"的依恋和不舍。而刘智慧坚信自己决不会舍得离开。她提起了民商院庆十周年时刘家安老师说的："生是法大人，死是法大的死人。"她觉得这句话说出了很多如同自己一样坚守在这个校园里的老师们的心声。这样的掷地有声，这样的至死不渝。刘智慧说，这样的坚守或许是因为这是母校，留下了好多人的青葱岁月，一草一木总关情；更是因为这里寄托着法律人孜孜以求的信念和梦想，寄托着她铭刻在心的那份教育理想。

刘智慧认为，教育是一种传承，要把积极向上的东西往后传递。她接受着江平等一批好老师对她的学术和精神的传递，她理解着自己所在的民法研究所"老中青，传帮带，老一辈老师的兢兢业业认真教学的传统"，于是，她也想要将自己的思考和追求化为一种力量继续传递。

作为法学教师，一方面是教师，一方面教的是法学，这二者需要一种结合。而这种结合，不仅是教师职业的要求，更是一种对于法治，对于公平正义平等理念的追求。她希望让她教过的学生们认识到，我们所处的是一个在法治方面还在不断完善的国家，正因为如此，我们每个人都应该有法治理想，有这种关于公平正义平等的意识，并且能根深蒂固，若能如此，就算今后走上社会也不会很快被同化。这种意识的坚定需要信念和信仰，需要内心有一种感动。她希望自己能成为这样的教师，能让同学们相信并形成这样的理想，最终成为信仰。因此，她一直如此坚信并始终坚守自己的行为信念，就是要成为让同学们可以相信的人，能真正影响他们的思想信念和行为。

法大校园里铭刻着的"法治天下"碑，诉说着法大人始终胸怀的法治理想。坚守在法大的刘智慧，无论是守望这个讲台，还是守望着"江平奖学金"，都是她坚毅地守望教育理想的方式。她始终相信，有一天"法治天下"不再是梦。而为了这样一个未来，她将跋涉和前行，献一己之力传播理想和信念，用自己的努力去影响孩子们，让他们真正成为改变中国、实现法治中国的主力军。这是一个理想，一点也不虚无。因为刘智慧和她的同道者们，每分每秒，每时每刻，都这样在做着。她的理想和信念一直都在，纯粹透彻，那是她勇气和毅力生发的源泉，会超越横亘在通往理想道路上的无数险阻。在守望中执着追求，在守望中期盼法治天下。她相信，法治天下就在不远处。

龙卫球

理想照进现实

文/郭丝露　改写/杜　晌

龙卫球，法学博士。1993 年至 1998 年，师从江平教授，先后获得法学硕士、博士学位。之后，被遴选为美国富布莱特学者，在波士顿大学、新罕布尔大学法学院、哈佛大学法学院研修。1993 年 12 月至 2007 年 9 月，在中国政法大学任教。2007 年 9 月，调入北京航空航天大学法学院，现任法学院院长。主要研究方向为民商法、工业信息化法、比较法。于 2002 年、2006 年先后当选第一届、第二届"最受本科生欢迎的十位老师"。

在百度里轻轻敲下"龙卫球"，0.5 秒的时空运转中有 90 000 条搜索结果出现。中国政法大学毕业，法学博士。现任北京航空航天大学法学院院长、长江学者（特聘）教授、博士生导师；兼任中国法学会民法学研究会常务理事，法学教育研究会理事，《中国法学教育状况》编委等职；所获荣誉不胜枚举。

每个人的一生都能被 50 个字以内的头衔与名目所概括，但有些人的一生却值得被无数次解读。如果以上短短的文字，树立起的是一个荣誉学者的形象，那或许还可以用更多的文字来说说龙卫球真实恳切的人生故事。

生活——人生如戏，戏如人生

生在江西农村，长在"文革"后期，成熟于大师林立的大学校园。生活于龙卫球是如此平淡，却又如此不凡。很难说生活带给龙卫球的究竟是什么，但我们能够确定的是，那个站在江西广袤土地上的农村少年，曾经并一直怀有一颗博大的心。龙卫球说："少年时代，我的志向是要做一个有尊严的人以及做一个好人。"

出生在江西农村，家庭人口多，而未做农夫，成为书生，龙卫球感谢命运的偶然。若是将这"偶然"具体分析，他总结出了五个方面：父母有些文化，很愿意让他继续读书；从小家里都存着旧的文学书，让他养成了酷爱读书的习惯；小学、中学遇见几个很是喜欢的语文老师，激发了他阅读的兴趣，让他把上学看成是件有趣有意义的事情；农村劳动的苦累是少年人难以熬过的，而读书是一条看得见的出路；他相信读书可以改变命运。

从小就酷爱文学的他，中学毕业的时候，中国古典小说就读得差不多了，西方文学的中译本也读了不少，至于当时的当代文学那更是如数家珍。他甚至和哥哥用自己赚的钱购买每期《儿童文学》《小说月报》《收获》等杂志。那时候阅读的热切和兴奋劲头真是难以言表。如今回首，他感慨这种阅读习惯对自己文字能力和精神世界的培养是有着巨大作用的。

进入江西大学就读可以说是他人生新的起点，经历了现实与理想的巨大差距和对前途的迷茫阶段，龙卫球开始走专业学习和社团活动两路并举的路子。就读法律系的他，除了法律书籍，还会经常钻研哲学、政治学和经济学。除此之外，他还积极组织沙龙、读书会和文学社，创办刊物。这种学习、思考和社团的实践，让大学时代的他明显感觉到自己渐渐丰满起来、成长起来。龙卫球说："大学时期，我的理想就是努力学习，做一个有知识有信念的人。"

1993 年，龙卫球硕士毕业，这时候也正是法大"空城"的时候，老师去得多留得少。他也想去做一点法律实务工作，比如任职于部委或者法院。杨振山老师找到了他，在一番番激励下，龙卫球因受杨老师知遇之恩而深深感动，也发现了自己更适合教师这一职业，便决定继承夫子衣钵。如今想来，龙卫球很庆幸当初的选择，教师是一份最具有社会性和挑战性的工作，需要每天自觉向书本和社会学习，虽然苦累，却很充实。

生涯——执子之手，与子偕老

从法大的莘莘学子，到军都山下留守的园丁；从依山傍水的法大，到现代气息浓厚的北航，龙卫球以后的人生，似乎都和"法律""教学"联系在了一起，在世人面前铺开了画卷。

有人将法大的老师分为两种，个性张扬或渊博务实。龙卫球是属于后者的，他说道，在课堂上，面对学生们求知若渴的眼神，身为老师，岂敢稍怠？只好努力读书，完备教学内容，恪守尊重学生的原则。

别看他在课堂上总能将生涩的知识一点点娓娓道来，但每临上课，他也总有很多顾虑：准备不足、表达不好、遗漏必要知识、脱离实际等。虽学识渊博，却从未个性张扬。龙卫球说年轻时自己喜欢昂着头走路，所以被许多人误解为桀骜不驯、心高气傲。他笑着喊了声，冤枉啊！

文人都讲出仕与入仕，留守军都山十几年，龙卫球也想过改变现在的生活状态，他想过做法官，也想过做律师。但入仕，他倒没有想过。作为一个站在教学第一线的教师，他最大的体会就是教学相长，教育事业是一个师生互相提高的过程，无论有多少想法，他都离不开教育事业。他在网上称自己为"军都夫子"，说自己这辈子多是继续做夫子。

生命——击筹高歌，夫复何求

人的一生似乎总是在不断地选择中飞逝。年少时我们选择今后的方向，并为那一份隐藏的未知美好竭尽全力；青年时我们满怀理想轻舞飞扬，在绚烂尘世中选择值得永世珍藏的事业奋斗。只有挡在面前的迷雾逐渐散去，能够用一生成就的事业清晰而明确地展现在眼前时，才得以长嘘一声，放慢脚步，去思考，去回味：是什么成就了现在的我？

初入大学至今，龙卫球与法律接触已有二三十年。但在生活中，他的学术研究与教师的教学工作很难有一个明确的界线。他对法学的浓厚兴趣是无可置疑的，很愿意也很喜爱去做学术研究，但他认为教育家的身份应更具实践性，对整个社会制度才能产生更大的影响。相较于学术研究，教育家能做的事不能仅仅被限制为教学，还需要对现行教育体制中的许多问题提出自己的见解。

学术研究需要清静的环境、需要两耳不闻窗外事的豁达，但选择成为教育家而不是学者，则意味着他可能要放弃自己一直以来的许多坚持，参与更多世俗的行政管理工作。但这在今天的他看来，很值得。

如今的龙卫球虽有诸多荣誉加身，却从未停止对理想的追逐，他每天起床后想的第一件事就是怎样以最快的速度和最好的安排把这一天的工作完成。他很庆幸自己还有前进的动力，而这动力来自不灭的理想和未做完的事。

虽存有理想，他却从未规划生活，也从未想过年老之后的生活。他感慨道，人们一生奋斗为了成功，但并不应该太在乎成功。金钱名利常如流水，没什么大不了。能做自己所做，想自己所想，做一个人格独立、精神自由的人也乃人生一大乐事。如此，当你真正迈入老年，回想自己年轻时的经历，定是一种享受。

如今龙卫球的夫人与孩子都在国外生活，他却从未想过离开中国，他将这种莫名其妙的坚定归结于对中国文化的亲切与喜爱。他说这种浸染在自己骨子里的中国文化会带给他情不自禁的快乐。

龙卫球的心中总闪过一些影子，一些模模糊糊却无时不在影响着他的影子。这些人也许是畅饮高歌者，是个策马狂奔之人；可能是梁山那归顺的好汉宋江，周游列国的孔子，也可能是那滑稽的骑士唐吉诃德，那永远高傲的法兰西大帝拿破仑。当他看过、想过，心向往之过后，有时就不免想要实践一番。所谓人生不豪迈一下，何谓人生？立于此世，却不敢击箸高歌，又有何意义？

罗　翔

沉吟明媚间，踏影思且行

文/罗雨荔

罗翔，1999年获中国青年政治学院法学学士，2002年获中国政法大学法学硕士，2005年获北京大学法学博士。曾赴德国学习交流，现为中国政法大学刑事司法学院刑法研究所所长、教授，曾在《比较法研究》《刑事法评论》《中国刑事法杂志》等期刊发表论文十余篇。于2008年、2011年、2013年、2015年、2017年、2019年、2021年连续七届当选"最受本科生欢迎的十位老师"。

他在沉默中等待突围，为学、为师、为人；他深知实现正义需要恒久的忍耐、坚定的信心，平静和蔼；他是数次入选"最受本科生欢迎的十位老师"的人气"刑法学小王子"。他是罗翔，罗翔是他。

我与学生，我与刑法

鼻梁上架着一副眼镜，上课前一边喝水一边观察教室内的同学，安静地等待铃声响起，这是上过罗翔的课的一位学生对他的印象。"斯斯文文""玉树临风"等词也是学生们常用来形容他的词。温和真实的性情，再加上帅气斯文的外表，罗翔一直在学生中拥有超高人气，并被封为"刑法学小王子"。

罗翔已数次当选"最受本科生欢迎的十位老师"，在法大可谓人气爆棚。对于同学们的支持和喜爱，罗翔用了"诚惶诚恐"四个字来形容。"和学生一般是通过电子邮件来交流，面对面交谈只能在课间或课后的一点时间，因为家不在昌平，平时和学生见面的机会比较少，感到非常遗憾。"

虽然与学生面对面交流的机会比较少，但对罗翔来说，每次和学生的交心和接触都使他感动、愉快。2007年，罗翔作为带队老师带一批学生去加拿大蒙特利尔大学交流，那次是他和法大的学生第一次近距离接触，"心里特别愉快"，罗翔笑着回忆道。那年的教师节，他收到了学生送来的一大束花，当时他刚来法大不久，这给了他很大的惊喜与感动。对于这样点滴的小事，罗翔都没有忘记。学生发给他的邮件，他都会认真阅读并回复。从这些邮件中，罗翔看到了学生的思考、学生的困惑，也看到了曾经的自己。

"每个时代都有每个时代的命题，但是都离不开一个主题，那就是——如何坚持你的梦想，如何能在世事百态中保持自己的棱角，做一个有敬畏、有积淀的人。"罗翔说，他一直鼓励学生多看书，不要只是看法学方面的教科书，而要广泛地涉猎，只有博观约取，才能厚积薄发。几乎每次课后、每学年的寒暑假，他都会认真向学生推荐阅读书目，学生中间传阅的"罗翔书单"足见其用心良苦。

让同学们在鲜活的社会生活中感知到法律的精神，明白法律不是一种曲高和寡的玄学，而是为了解决一些社会问题确立的规则是罗翔一直坚持的教学理念。为此，他一直关注当下的热点案件。他希望学生能够明白法律要契合人的常识、常情、常理，知道法律离我们并不遥远，法律就在我们中间。

求知为学，沉默还是突围？

罗翔给人印象最深的是他充满书卷气的儒雅谦和。他说他的生活很平淡，早起看看书，睡觉前也看看书。他说他唯一的爱好就是看书。此般生活，平常人看来怕是略显孤独单调。

而作为学者，他走在一条更为孤独的路上。他的研究方向从对死刑学理化梳理到如今对辩护正当化事由的研究，无不直指中国法治重要而又不为人知的短板。

中国民间关于律师一直有一个质疑——律师怎么能为坏人辩护？依同样的逻辑，司法部门在进行刑事审判与处罚时，亦从民间朴素的正义观出发，将犯罪嫌疑人归类为"坏人"甚至"敌人"，置于国家公权力的对立面，其正当权利往往得不到保障。对于这一点，罗翔不无忧虑地说："中国历朝历代都把刑法当作刀把子，惩罚力度很重。这也使得我们在如何运用刑法打击犯罪这一方面研究得很多，但是对于如何弱化刑罚权，国内很少有学者从事这方面的研究，而英美等国关于辩护理由的研究是很完善的。"

上过罗翔课的学生评价他是一个有梦想、有爱心、没有被外界和社会所改变的、有棱有角的人。而他自己说，我们时刻都在被体制化，从小我们接受的教育就是谨小慎微，要求我们要克制，要节制，我们一直都生活在无形的牢笼之中。他也建议学生在任何情况下，都要理性、温和，不要激进。那么，对于公共领域，罗翔最终会突围还是沉默？书斋里的宁静书生，社会场里的公民斗士，哪个会是罗翔最终的选择？我们等待答案。

采访中，罗翔不时习惯性地凝视窗外，一束午后柔和的阳光透过逸夫楼的落地窗照进屋内。是的，他喜欢阳光，但也知道阴影在哪儿。

心怀希望，坚守自我

"不要忘了，这个世界穿透一切高墙的东西，它就在我们的内心深处，他们无法达到，也接触不到，那就是希望。"来自电影《肖申克的救赎》的经典台词曾经感动和震撼了无数观众，男主人公安迪最后冲破高墙，重获自由的场面也成为人们心中不懈追求、摆脱枷锁的美好象征。这是罗翔最钟情的电影之一，也是他内心追求的写照。"每个人都有对自由的渴望。"罗翔说道，目光又一次转向窗外。

在生活中，我们总听到周围的人抱怨黑暗的社会现实，甚至有许多人因此选择了出国，而当我们问罗翔是否有出国的打算时，他却笑着反问："为什么要出国？"在他的心中，这个社会无论是光明还是黑暗，我们每个人都是以个体的形式存在和立足于其中的，而当个体发现所处的环境与其他环境有很大差异时，首先想到的应该是努力把所处的环境变好，而不是因此绝望，选择逃避。

罗翔知道中国与西方的差距。早在他留学的时候，他已经看到了西方先进法治理念的运作方式。那是他在美国旧金山留学的时候，当时旧金山的大桥只有少数需要交纳过桥费，而且仅在早高峰和晚高峰的时候，且如果汽车载人超过三人即可免收过桥费，以此来提倡"拼车"，促进环保。有一次在开车过桥的时候看到最旁边的收费站车比较少，他就把车开过去了，还纳闷收费站为何没有收费的人。不料几天后他就收到了罚单，原来那个车道是电子速通道，需要在车上装电子速通卡才能通过。在美国，罚款罚得很重，但是罚单上有这么一句话：如果不服罚款，可以在一个月内上诉。罗翔立刻发邮件给他们，说道，"I don't know, so it's unfair"。警察后来查了他的驾驶记录，发现他是外国人，且是首次违章，考虑到他可能不懂旧金山的规定，于是免除了他的罚款，只需补交过桥费。他说："从那一次之后，我才看到了真正的法治社会是怎样的，那是充满人性的社会。"

长期接触死刑、刑讯逼供等法律的黑暗地带，并没有磨灭罗翔的梦想，也没有阻挡他追求光明的步伐。他说："黑暗在每个时代都比比皆是，但光明从未被消磨。人确实可以堕落，但人还有另一种属性——悔改。"

"黑暗只是一道阴影，太阳总会升起的，因此越是黑暗，越要坚定光明的信念。"下午的阳光透过窗户洒落在罗翔身上，形成细碎斑驳，带来一片光明。

罗翔说他的理想是做一个有操守、有修养的人，一个平淡的人，在人前人后能够保持一致，无论在什么境遇都不丧失希望，在什么岗位上都不厌倦，永远为自己的信念打工。

正如罗翔所言，熟悉他的同事都以"随和"来形容他。张建荣老师回忆道，每次开会和做活动，罗翔都非常认真，干劲十足。在我校第四届青年教师基本功大赛中，他作为主讲老师，以精到又不失幽默的讲解荣获了比赛二等奖。而刘艳敏老师说起罗翔，出现频率最高的一个词就是"人好"："他很有正义感，也热心帮助别人。"

这就是罗翔，在充满血腥和暴力的刑事司法研究中行走，却始终保有赤子初心、希望与盼望。他如苏东坡一般，有"一种明亮而不刺眼的光辉，一种圆润而不腻耳的音响，一种不再需要对别人察言观色的从容，一种不理会哄闹的微笑，一种洗刷了偏激的淡漠，一种无须声张的厚实，一种并不陡峭的高度"。

他是罗翔，罗翔是他。

马 皑

马不停蹄访社会焦点，皑皑白雪润法大青苗

文/王文艺

马皑，中国政法大学社会学院副院长，教授，心理学硕士生导师，刑法学专业犯罪心理学方向博士生导师。中国心理学会法律心理学专业委员会主任。中国政法大学犯罪心理学研究中心主任。研究领域主要为法律心理学、犯罪与刑事司法心理学、越轨社会学、社会问题。以其丰富的人生经历和对学生的关爱奉献精神深受法大师生喜爱。于2006年、2008年、2011年连续三届当选"最受本科生欢迎的十位老师"。

法学博士，中国心理学会法律心理学专业委员会主任，中国政法大学社会学院副院长、中国政法大学犯罪心理学研究中心副主任……这一堆头衔给马皑带来的不仅仅是光环和荣誉，还有不断鞭策他前进的动力。为了不断地提高和充实自己，及时地给自己充电，马皑付出了相当多的努力。他去过"新东方"补习英语，甚至被"新东方"的老师误认为是其他英语补习班的"卧底"；他也去过北大旁听社会学的课程。学无止境，这就是马皑，为了能够在教学科研方面有所提高，为了自己对犯罪心理学的研究，他一直往前走着。

在深入社会的调查中，他得到了很多第一手的资料，一些出版社或者个人给几十万甚至上百万的报酬想获得这些资料，可马皑却坚决对他们说不，并指出只是把这些资料当作个人学术研究之用。马皑不觉得这

有什么值得说的，只是解释道："这是一个做人的原则。比如说，我们俩关系特别好，我很信任你，就把我的隐私告诉你，如果你明天告诉报社了，那你就太没有原则了。任何不正义的钱，别说是几十万，上千万对我而言都没有诱惑力。"

"做什么都不要功利"是马皑常常教导学生的话。某同学一直关注"邱兴华案"，在马皑的指导下，她去法院翻阅卷宗，去图书馆查阅文献，并不断和马皑沟通，最终完成第一稿，并参加了中国政法大学第七届的"学术十星"征文大赛，遗憾的是，论文连第一轮都没能通过。"做什么都不要功利，两年的案件跟踪是一种经历和成长"，这是马皑对她说的话，是安慰，更是鼓励。

好脾气先生

但凡名师，都有独特的人格魅力。一位学生讲述了这样一件小事：某次，一学生社团邀马皑到法大昌平校区做讲座。听讲座的人乱哄哄地入场，张罗讲座的人风风火火地忙里忙外，竟无人注意到黑板的不整洁。待人们注意到时，不知何时入场的马皑已在默默擦着黑板。另外，由于组织工作的不力，这场本该在前一日举办的讲座已经让他不远百里地赶了个空场。即使是讲座当日，那些热心但却糊涂的通知者最后还是将六点开始的讲座通知成了七点，于是马皑在五点半到达会场后只能静等一个半小时。在被如此折腾一番之后，他的脸上依然和蔼如故，不见半点愠色。

这便是马皑，同学们常常说："他会帮你把文章从头到尾都细改一遍，指出你的不足，但没有任何一句指责的话语。"

学生的第二家长

提到马皑，学生嘴边最常说的不仅仅是"课上得好"，更有"温暖"。对于学生，他像一缕笼罩着他们的阳光，春日唤醒你思想的光芒，夏日灼烧你激情的炽热，秋日透射给你生活的从容，冬日温热你几近寒冷的内心。

他曾经是社会学院 2004 级的班主任，在他脑子里的班主任的定位就是保姆型的。虽然现在的学生已经不需要保姆了，但他在感情上仍是保姆型的。虽然马皑与学生的物理距离很远，他在城里，学生在昌平，但是他们的心理距离很近，学生只要有问题随时可以找他，这种心理上的联系远远多于他们日常的联系，让学生们有了归属感和安全感。他跟学生们说过无数次："只要你们有需要，找我，马老师绝对不会说'不'字，只会去帮助你。"

马皑长期坚持为学生义务开展心理咨询工作，牺牲大量个人时间。对于心理障碍较为明显的学生，则不厌其烦地为其进行心理辅导。只要他在北京，无论周末还是假期，只要有学生打电话希望与他交谈，他都毫不犹豫地一口答应。他会从城里赶到近百里外的昌平校区与学生谈心，再不辞辛劳地赶回城里。他几乎每天都要回复学生咨询的邮件或短信，有一次竟然用了几个小时回复一位学生的近三十条短信，直到该学生情绪缓和下来为止。

他热心帮助学生们修改论文、设计各种社会实践方案，主动指导学生开展社会实践，有时甚至自己来承担相关开支。2010 年暑假，他志愿担任指导老师，帮助学生完成"北京市地摊生态调查"课题。他和学生们一起不惧高温，穿梭于北京的大街小巷，开展地摊生态调查，使学生们既提高了社会实践能力，又更加深入地理解了理论知识。

2008 年 10 月 28 日，一个震惊中国政法大学的夜晚，全校同学因为突发的意外而惴惴不安，作为知名心理专家，马皑义无反顾地站了出来，以个人名义在校园 BBS 上发布题为"这个夜晚，让我们相互支撑"的帖子，抚慰受惊的学生，很多学生因此感动得流泪。他说："这一夜，也许你们的父母亲人会为你们担心，也许你们自己会感到恐惧很难平复，也许这一夜我们将无眠，但无论怎样，请你保持一份冷静，不要让太多的焦虑折磨自己，不要失去对法律、对自己、对学校的信心。请帮助那些可能目睹了事件的同学，尽量引导他们流出压抑的眼泪，但要注意方式，因为，任何的追问和引导式的回忆都有可能对他们产生二次伤害。这一夜，让我们相互支撑！"作为一个严谨负责的人，他未阐述事件本身，但在这样关键的时刻，有这样一个人愿意并勇于站出来安抚不安的学生，是一种力量，让学生们立刻找到了归属与依靠。就像一位慈父安慰受了惊吓的孩子一样，看着惊恐从孩子的面容上散去，他也才渐渐淡去了忧心。

连深陷传销组织的同学，第一个想到的都是联系马皑老师。据统计，他先后成功解救陷入传销组织的学生五人，并以专业知识在 BBS 撰文帮助学生识破传销内幕，浏览量近两万人次，被学生们称为"心灵的导师，终生的益友"。马皑写的这篇识破传销内幕的帖子几乎在每年的毕业季都会被加高亮，提醒每一个即将走出校园的法大人。

弯下腰做人

有人说马皑在课堂上是一个很高调的人，他就像是一个优秀的演员，在课堂上可以游刃有余，将学科的知识体系很好地表达出来。但他不是一个喜欢被别人关注的人，更喜欢做"幕后英雄"。一次走在街上听到人说"这不是总上《今日说法》的马皑嘛"，他说"当时我只想快速地消失掉"。他觉得自己并不是什么名人名师，对于连续三届被评选为中国政法大学"最受本科生欢迎的十位老师"之一，他说自己只是比较擅长表达而已，当之有愧，但非常感谢同学们的支持。"做人低调，做学问高调"，这便是马皑的生活哲学。

与监狱里的重刑犯交谈时，他把他们当作朋友，与四川人交谈就用四川话，和天津人说话又操起熟练的天津口音。对待学生，马皑是他们的朋友，还是有人称呼的"小马哥"。他的学术成就是令人有距离感的，但与学生相处时又是平易近人的，上面提过的共情能力使得他更关心照顾学生，更了解学生现在需要什么，为了今后的发展现在要做些什么。

有同学曾经有学术问题发信息请教马皑，马皑因为正在接受采访没有及时回信息，事后给这位同学回电话，首先是为自己没有及时回信息而道歉。试想，以一位长者、教师的身份，能对一个甚至素未谋面的学生说声抱歉，这是何等的亲近与谦卑，平等与相互尊重是他的人生信条。

深交方知其良苦用心

2008 年 5 月 12 日，汶川发生 7.8 级大地震，当时马皑正在位于四川省东南部川渝黔滇接合部的泸州市参加会议。当有震感时，作为会议秘书长的他迅速先组织老专家撤离，交代其他老师千万疏散好学生。会议临时决定终止，准备回京时，马皑对其他心理学专家们说出的第一句话是："下一步我们要面临的问题就是可能需要奔赴灾区，你们有没有问题？"他一刻也没有忘记自己的使命，抵京第二天作为发起人的他就主动负责联系中国心理学会，要求作为心理干预志愿者赶赴四川灾区为灾民提供心理援助。在团中央的组织下，马皑等一行为了不增加灾区负担，自带七天干粮和水赶赴四川，身体力行帮助青少年重树生活信心，适应灾后生活，健康成长。

"死读书有什么用，一定要对社会有贡献。"——学以致用，用于人民、用于国家、用于社会，是马皑所追求的。

从 1992 年离校到十年后重返讲台，这期间马皑经历了太多太多。但十年很长，长到他要不断地与反社会的极端分子们近距离接触。十年亦很短，短到十年间他讲师的身份从未改变。后来见诸媒体广为人知的很多传奇，用马皑自己的话说只是"一种经历"。就像马皑深入传销组织内部两天后被解救出来时，他竟然说："这是一种生活体验，很遗憾没有做完。"正是在这样一次一次的生活体验中，他更能理解社会各个阶层人的心理，这是对学术不懈而深入的探究，是要"认准了，不问结果地做"。

他正襟危坐于《今日说法》的嘉宾席时，无人想到他曾因调查而深入灯红酒绿之处；当他谈笑风生于三尺讲台之上时，无人想到他曾伪装成农民工混入传销组织，差一点惨遭毒手，几近丧命；毒贩子们何曾想到，当年那位来路不明，疑似记者的北方男子，实则是犯罪心理学领域的专家。

要知道，与这样被大多数人贴上了"标签"的人打交道是多么的困难，遑论促膝长谈、推心置腹。但马皑做到了，他坚定着"去标签化"的信念，把做调查变成交朋友。"这个社会现在最需要的是去掉各种标签，人与人都是一样的，只有角色扮演的不同。一旦有了这个标签，你就会觉得跟他们之间有距离，而人与人之间最难的就是拉近心理距离。"这是一种共情的能力，感受到对方的内心世界，能将心比心地体验对方的感受。

对待每一个人马皑都是这样，曾有媒体邀请马皑做关于"农民工杀人案"的评论，马皑因为标题为人物贴上了社会标签而拒绝并将自己的想法向媒体娓娓道出。他认为"弱势群体与犯罪行为之间并不存在必然性联系，主体在处于弱势境遇后的种种窘迫和心态失衡，并不是必然犯罪的理由"。

作为一名法律心理学教师，马皑深爱着这个行业和这个专业。1992年迫于生活压力他离开教师岗位，十年后他重返讲台，带着更多的社会经验和更深厚的积淀。所谓厚积而薄发，求学的四年、深入社会的十年、执教的二三十年使他更加懂得法律心理学对人民和社会的重要性、贡献性。

他是发现千里马的伯乐，不仅在生活上给予了学生无微不至的关怀，更在学术上给予学生最大可能的教导和帮助。为了学科发展，需要一个个热爱法律心理学的人为之奉献，需要一批批甘于静心钻研的人深入调查研究，需要一个个充满智慧的脑袋迸发出灵感，需要一双双明亮而乐观的眼睛去解读别人无法理解的黑暗，更需要一颗颗热爱生活和对社会感恩的心。

对于马皑来说，法律心理学是属于每个热爱这个学科的人的，法律心理学的进步与成果是为社会共享的，而不是他自己的。在他的课上，他不提倡学生记笔记，而是要求学生紧跟老师的思维不断地思考。所以他的课件大家可以随时拷贝走，甚至连他还未发表的学术成果也毫不避讳地可以与学生共享。于他，私利在学科发展面前轻于鸿毛。

他用自己的言行使学生耳濡目染，在不同的时间听到不同的学生自豪地说："我觉得我和马皑很像。"就在今年，马皑的一位已经大四的学生，在研究生复试顺利通过之后，没有忙着自己的实习，也没有忙着准备毕业旅行，而是每天待在学校，保持手机二十四小时开机，用自己的专业知识给没有考上研或者还没有找到工作的同学做心理咨询。"我身边有的同学很努力却没有收获自己想要的结果，我希望我能陪伴他们，安慰他们，像马皑老师在我遇到挫折的时候给我鼓励一样鼓励他们。"这就是马皑教与学生的精神知识，让我们看到这个学科背后的精神力量。

学科领路人马皑自大学毕业起开始从事犯罪心理学教学与研究，并担任中国心理学会法制心理专业委员会干事，1989 年起担任该专业委员会委员兼秘书，后又担任副主任委员。中国心理学会法制心理专业委员会（现更名为"中国心理学会法律心理学分会"）成立于 1983 年，是目前中国法律心理学领域唯一的全国性学术团体，现有理事三十一人，聚集了中国法律心理学界的顶尖人才，罗大华教授担任主任委员二十五年，完成了学科开创与普及工作。马皑 2010 年经选举担任会长，成为新一代学科与学术带头人，中国法律心理学界也由此实现新老交替。罗大华教授同时作为马皑的博士生导师，评价这个学生是"德才兼备"，是这个学术团体"理想的接班人"。

马皑的确如恩师罗大华教授评价的一样，为了学科建设付出很多。他曾在课堂上说："当一个学科有某种权利的支撑，或者为社会所需要的时候，它的发展会更快。"而他也用实际行动来扶持着这个学科一路前行。

2010 年 6 月 18 日，在马皑的倡导下，北京市西城区人民法院与中国政法大学社会学院、中国心理学会法制心理学分会共同建设了教学科研基地。从此，在北京市西城区法院的"心理驿站"，经常能看到马皑和其他法律心理学老师的身影。他们安排学生在法院的青少年庭给离异家庭的孩子做心理辅导，解决孩子抚养方面的问题。此外，马皑还和其他老师一起去河南省检察院给那里的检察官做心理健康讲座，去湖北省宜昌市中级人民法院给法官干警义务做心理学辅导讲座。马皑的学生说，"他每个学期至少参加一到两场的义务讲座，每年都为司法单位做多场义务讲座，并用自己的劳动为学生创造更多的实习机会"。与国家机关的合作使法律心理学在司法实务中发挥了实效，这个看似研究领域很窄的学科逐渐在社会中取得了越来越多的发言权。

　　这就是马皑，他为人师表，躬耕讲台，诲人不倦，连续两届被学生评为最受喜爱的教师；他辛勤耕耘，在犯罪心理学和法律心理学领域造诣颇深，人到中年，服务社会、服务人民的热情依然不减，是当今社会各界法律心理咨询最先想到的人之一；他积极履行党员职责，勇于承担社会责任，以"无论做什么都力争做好"为做事标准，以"用自己的真诚团结人，用个人的付出带动人"为与人相处准则，在长期的共同工作相处中成为群众心中的好党员。

曲新久

生命如歌，曲风悠扬

文/迮方宁晨

曲新久，现任中国政法大学刑事司法学院教授、博士生导师。曲新久以其对刑法学的独到理解和刑法精神的研究而在法学界闻名，并著有大量著作，获得多项奖项，是中国刑法研究的代表人物之一。于2002年当选为第一届"最受本科生欢迎的十位老师"之一。

写在前面

采访曲新久教授，做好前期的资料准备确实是一件很困难的事情——上网搜索关于曲老师的资料，找到的几乎都是他对各种案例给出的分析和点评。这样，我们就只能通过走访他周围的同事、学生来描绘出曲老师的一个轮廓，免得直接造访显得唐突。经过几天的采访，我们了解到了这样一个曲新久，并将之记载下来。

我们找了一些年轻老师，和他们聊关于曲老师的故事。教室门口，走向食堂的路上，他们十分热心地向我们介绍着，一件事接一件事地讲，好像恨不得把他所有的优点全部告诉我们，那种发自内心的敬重之情溢于言表。

曲教授教书育人，卓有成效；著书立说，巨笔如椽，却很少有什么人专门撰写文章去赞颂他。但就是这样一位老师，却在学生中赢得了绝佳的口碑。有一位多年受教于曲老师的学生这样评价他："曲新久教授是一位兼有诗人气质和哲学家风范的儒雅学者。他拥有一颗对万象事态泰然处之的智慧之心，一颗对世事纷繁虚怀若谷的博大之心，一颗对莘莘学子言传身教的慈爱之心，一颗对岁月流逝置若罔闻的不老之心。他渊深的学识和伟大的人格给我们的印象恰如一首行云流水的长歌——其曲风谦，其曲风实，其曲风哲，其曲风善，其曲风博。让我等学子越品越浓。"

曲风曰谦

他是最具谦谦风度的君子。中国政法大学教授，刑事司法学院刑法学研究所主任，司法部先进教师、北京市高校优秀青年骨干教师、中国政法大学优秀教师、北京市高校教学成果二等奖、中国政法大学优秀论文一等奖、中国政法大学宪政科研奖一等奖……尽管曲教授获得了这么多荣誉，站得那么高，但在为人处世上依旧平易近人。对于他过去的辉煌，他从来不在自己的课堂上向学生们提起，也很少向别人炫耀。相反，他倒是更加乐意说说当年在农村时下河塘摸鱼的故事。他对待同学和同事们都很热心，这也许就是让他的同事和学生们最为感动的，"没有一点老师的架子"是学生们说起曲教授时的第一反应。但曲教授对种种赞扬却表现得很谦虚，他认为一个老师本来就应该能够和学生打成一片，能够深入和同事、学生沟通和交流，这不仅仅是教学的需要，更加是一个老师的本分。一个人能够在事业上获得如此辉煌的成绩已经十分令人钦美了，但还能像曲新久教授这样热心对待别人，没一点架子的就更加让人发自内心地敬重。

曲风曰实

他是最朴实无华的人。曲新久在学术上的成果有目共睹，而且他还多次应邀做客《今日说法》栏目，向全国观众讲授法律知识，介绍他的研究成果。走在行人中间，他无异于旁人，甚至于还要更显得普通一些。他总是手提一个大包，脚步匆忙地穿梭在校园里。好多次，有学生路上遇到他，说要帮他提包，他却从不答应。他早已习惯自己提着包，步行回家。

他从不认为老师和学生之间在感情上应该存在隔阂，相反，应该平等相待，互相尊重，课上是师生，课下做朋友。一次，他非常疑惑地问他的学生们："以前的学生都会邀我一起去爬山、打球，现在你们都不找我了，是不是嫌我老了……"

人生的每一步，他都踏踏实实地走过来。曲新久给我们的是另一种不一样的旅程，"天道酬勤"是他的自勉，同样也是他对同学们的鼓励。

曲风日哲

他是具备大智慧的导师。曲教授讲课并不是简单的知识灌输，而是从学术品格和思维方式入手，教会学生们如何做学问。他不止一次告诫自己的学生：做学术论文不是文字上的应付，而是提高自身综合素质的最好途径。不少学生为了发表论文而高额向杂志社买版面，他一再警示他们说："做学问，一定要有骨气！"他鼓励学生们努力写出好的论文，"让杂志社主动为好论文让出版面"。但他却并不苛求，他总是言传身教，从不要求学生做自己也没有做到的事情。他是以自己对学术的那种真情和狂热去感染和打动学生们的。

曲新久讲课不喜欢用定义去解释法条，也很少用太多精深难懂的概念，他更倾向用最浅显易懂的话，靠最真实的实例来阐述那些最抽象的理论和最空洞的人生哲理。指导学生的论文写作时，他这样说："搜肠刮肚写出来的文章是不可能出彩的。比如你今天想到了一个笑话，不马上告诉别人就不舒服，写作时应该进入这样一种状态才好。"

曲新久也是很幽默的人。有一回，一个学生交了一篇论文，曲教授发现其中许多内容都是照搬教材的，他单独找了那个学生进行劝导，对他说："你这篇文章句句都是真理啊。"学生们说在他的课上很轻松，能够获得一些别样的感悟，也就是那种高于教学层面的东西，是一种人格魅力，是一种人生智慧。他的课总是让大家在幽默的环境中得到自己从教科书学习不到的知识。

曲风日善

他是最具善心的长辈。"他是一辈子的老师，既是老师又是朋友，而在生活中他则像是一位慈父。"他的学生说。

在生活中，曲新久对学生非常关心。他告诉学生在生活中遇到任何困难都可以找他。他还定期组织自己的学生聚会，讨论学习上、生活上遇到的问题。与学生聚餐很多次，他却从不允许自己的学生结账。有几次，学生先他一步付钱了，他发现后硬是又把钱塞给了学生。后来学生们就戏称他为"最会抢钱的老师"。还有一次，一个学生完成论文答辩后接到了一个电话，电话那头一个温和的声音不断地问他心情怎么样，紧不紧张……别人还以为是他的家人打来的，没想到那个人竟是曲新久教授。

但曲教授关怀的不仅仅是少数人的冷暖，他的心中更是装着整个中国的法治现状。

曲风日博

他是胸怀最博大的学者。他在给学生介绍读物时从不要求学生一定要去读关于刑法的书，而是建议他们选择自己感兴趣的部分，告诉他们如果一本书自己读不下去就不要去读它。如果学生对其他法律感兴趣，甚至是请教他关于其他部门法的问题，他也会加以鼓励并尽自己的能力去帮助解答。任何人向他求助他都乐于相助。一个他根本不认识的学生打电话问他一些法学知识，他不但没有拒绝，还非常细致地做了回答。

曲教授投身于法学，但却并不局限于此。他对法学尤其是对刑法充满了热情，多年来孜孜不倦地进行着学术研究，成绩斐然。在与学生的交谈中，他最感兴趣的话题也还是他所钟情的刑法。他的学生们说"他是一个爱刑法的人"。他虽以刑法见称，研究涉及的范围却很广，且都比较深入。

　　这就是曲新久，一个谦谦君子，一个朴实无华的人，一位具备大智慧的导师，一位最具善心的长辈，一位胸怀最博大的学者……

　　也许让人意想不到的是，他还拥有一颗诗意的心。也许在某一个雨天，大家都打着伞或在屋檐下躲雨的时候，你可以看到他像一个孩子一样冲进雨里……

商 磊

尽一个老师的本分

文/冯 勤 改写/米 莉

商磊，中国政法大学政治与公共管理学院行政管理系教授，主要研究领域为管理心理学、社会学、社会心理学。先后荣获"中国政法大学十佳青年教师""中国政法大学优秀教师""中国政法大学优秀教师特别奖""北京市师德标兵""北京市高等院校教学名师"等荣誉奖项。所授课程"管理心理学"被评为校级精品课程。她用心去理解每个学子的内心，善待每个人的每一个想法，让同学们有如沐春风之感。于2002年当选为第一届"最受本科生欢迎的十位老师"。

商老师的课堂仿佛是法大中有别于法律和政治的另一种境界，让人忘记了考研、就业的压力，觉得人生当务之急是要看许多的书，来提升和丰富自己的灵魂。再忙碌的人都需要停下来审视自己的灵魂，欣赏身边的风景。

她深厚的知识积淀和涌动的生活激情营造了一种氛围——一种心灵的宁静。

商磊，究竟用什么，俘获了法大那么多学生的心？

她诠释过的弗洛伊德、荣格的人格心理学理论，揭示人内心的隐秘，学习如何与自己、他人和社会建立一种成熟的交往；如何把个人内部的诸种人格统一起来，达到内部的整合。也许，正是因为商磊老师内化了这些理论，才由此形成了一种她与他人交流沟通的方式。她不比那些心灵大师更了解人类，但她更了解青年学子。她会让同学们如沐春风，因为在她看来，那些有时候自认为极端的思想，却是难以释言的情感，都有它存在的原因。她可以善待每个人的每一个想法。商老师会在课上充满激情地谈周杰伦，讲她的梦，让同学们觉得离得她很近很近。

那是一种用知识内化了的人格魅力。

教师职业的选择

商磊之所以会选择教师这个职业，很大程度上是受家庭的影响。她们一家人都是教师——父母和哥哥的职业是表面的影响，更重要的是性格、能力、爱好以及生活方式等方面更深层的影响，这些影响沉淀在她的潜意识里，已经不知不觉为她做出了选择。她坦言，教师家庭的孩子有一些共同的特点，虽然有一些优点，但也有冒险精神不够、简单幼稚、追求完美等弱点，所以当学校需要她留下来服务时，做一名教师也就成了她自己的选择。

然而，教师这个职业，除了表面上的轻松，还存在着很多局外人难以觉察的滋味，比如，真正是没有假期、没有上下班之分，而且教学作为一个效果直接反馈的过程，其挑战性很强，精神压力很大。然而，商磊非常热爱这个职业，因为教师工作带给了她真正的幸福感；她也珍惜这个职业，因为其中有她喜欢的简单生活风格。在她看来，教师需要心灵宁静，但不要单调。一定的社会刺激与生活阅历，甚至是苦难的磨炼才有助于自己成为一个心灵丰富、性情温和的人。

对于教师的工作，商磊思考得很多，特别是在从事了多年教师工作之后，商磊发现，职业倦怠感对教师行业有着较深的影响，会涉及很多问题。她盼望着有一天能和各位同仁一起从心底热爱这个职业，并且以此为荣。

成为一名学生需要的老师

2002 年，在第一届"最受本科生欢迎的十位老师"评选中，商磊就以较高票数当选，又被评为北京市优秀教师，无论在学生间还是在社会上都享有很高的声誉。对此，商磊觉得自己只是一名很普通的教师，只是努力去尽一个老师的本分。她了解学生投奔名校的艰苦，因此相信每个有良心的老师都会这样去教书育人，才能不愧对学子与他们的家长。从教十几年，她为自己树立并一直信奉的原则是"教书者先读书，育人者先育己"，凭借着如此纯粹的解读，通过无形的积淀使自己成为一名学生需要的老师。

商磊说，学校是一个不太同于其他地方的所在，一定的宽松更适于思想的产生。所以这里还应该有另外一些特点的人，他们生活散淡却专心思想，清心寡欲但热爱思考，他们在学校影响、学科建设这些看得见、摸得着的地方似无贡献，但当他们服务于学子们的精神熏染、知识培育方面时，对学校的贡献是潜移默化、源远流长的。有一天，当学生从他们热爱的学校离开后，如果只记住了一大堆的称号和数字，而没有多少他们真心感念的老师，这将是一件多么令人遗憾的事情！

所以，商磊希望她的学生们将来回忆起他们的母校时可以骄傲地说，在那里，真的有一些虽然无名但很好的老师，而自己如能在其列就是最高的荣誉！

注重感受，教学相长

在一个以法科为主的学校，很多非该专业的学生都会慕名而来上商磊的课。有学生评价说，听商磊老师上课有种在教堂受洗礼的感觉、心灵安宁，对于此，商磊觉得这充分说明了人是拥有并且需要某种信仰情怀的。文明洗去了人们身上的荒蛮，留下了脆弱。而脆弱的心灵需要某种东西的抚慰和支撑。信仰在根本上体现了人类理性的一面，却又以非理性的热情支撑起感情的世界。爱因斯坦在 1940 年纽约举行的"科学、哲学、宗教大会"上讲了一句话："有科学而无宗教乃是跛足的科学，有宗教而无科学则是失明的宗教。"爱因斯坦坦言自己是一个怀有深挚宗教情怀的人，科学与信仰可以如此奇妙地统一在一个人身上。加缪说没有信仰意味着"被剥夺了对故乡的回忆和对乐土的希望"。所以，没有敬畏感、没有感恩情怀的生命是不完善的。

在商磊看来，一个好老师应该具备两个特点：一是知识面要广，二是理解问题要深。而对于人文学科来说，这是以人的精神世界为主要研究对象的科学，引导学生发展人性，完善人格，升华人生才是其真实使命，因此不能简单地把人文课程作为纯粹的"知识"来解释，而忘记了它是一种评价性、体验性的学问。在她看来，讲授人文学科的目的之一就是重新体验，重建创造者的创造经验。一个讲授者如果有足够的历史知识和语言知识，就能比作者本人更好地理解作者，也就是说，讲授者可以通过创造性的重建来把握创造者没意识到的心理活动。而当讲授者的思想与学识能够影响一个又一个的灵魂，真正渗透在一个又一个的人生选择里时，当同学的领悟反过来又激发了讲授者更深的思考，同时感受到教师这个职业的价值存在时，当课堂的氛围足以使讲台上下心灵相融、沉浸在顿悟的快乐与光明中时，就真正实现了"教学相长"。

商磊在课堂上对学生们的要求并不低，她是一个注重感受的人，所以在课堂上任何微小的活动都会影响她的讲课。但在思想上她是宽容的，因为她知道人生的问题没有答案。所以规则要严，思想要松。而这一切都是基于她对人性有了更加充分的了解，因此自然便有更多的理解和更多的宽容。

商磊说，教师和学生要经历一个共同成长的过程，会给予彼此很多东西。她会将由自己的人生体验凝结的感悟传达给学生们，如果他们因此有所启示就足够了。一切尽在不言中！

时建中

智者，仁者，勇者

文/张　伟　胡雅君　改写/何孟莲

时建中，现任中国政法大学副校长、法学教授，经济法专业博士生导师。1994年、1998年在中国政法大学研究生院分别获得经济法学专业硕士、博士学位。在学术研究方面，曾获司法部"九五"期间优秀科研成果一等奖、司法部"九五"期间优秀科研成果优秀论文奖（未分等级）、"司法部法学教材与法学优秀科研成果奖"一等奖等奖励。于2006年当选第二届"最受本科生欢迎的十位老师"。

从十七岁站上三尺讲台教授英语到二十七岁考取经济法硕士研究生，十年的时间他最终走进了中国政法大学。后来，他一直在这里，在这里学习研究，也在这里教书育人。

他就是时建中，是社会认可的学者、著名的法学家，更是广受法大学子欢迎的好老师。作为好老师，他不仅是专业知识的领航人，带着学生在学业中乘风破浪；更是思想行动的引路人，为学生指引人生方向。

时建中的座右铭是广为人知的"知者不惑，仁者不忧，勇者不惧"，这不仅激励他自己成为一个智者、仁者、勇者，也指引法大学子向不惑、不忧、不惧前进。

智者不惑，自强不息

时建中上课经常给学生们讲一句话：方向比目标更重要。

他说："方向选对了之后的任务就是一步一步往前走，而且会离目标越来越近；但如果方向选错了，就越来越远了。人生不可能一开始就找到一个完全正确的方向，而是在不断试错的过程中逐渐找到正确方向。"

真正的智者，逐渐认清自身、找准方向后就不再迷茫退缩，始终坚定向前。

事实上，时建中一开始的人生方向也和法律相去甚远。他上学比较早，十五岁高中毕业，1979 年高考时发挥不好，只考了中专，上了师范，毕业后还做了几年中学英语老师。说起这件事，他觉得"颇具传奇色彩"。

"本来我没有学过英语，1980 年 12 月 1 日，我的日记记得非常清楚，这一天中央人民广播电台自学英语的节目开播，由北京外国语大学的陈琳教授主讲。那天我值日，早晨六点钟就到教室打开收音机一边做值日一边迫不及待地等待那一刻的到来。从那天起，我开始正式学习英语。这样，1981 年毕业后我居然就当起了当地中学的英语老师。"

但时建中也承认那时的自己并不是一个合格的英语老师，所以他尽可能提高自己的英语水平，1983 年他就抓住了一个专门学习英语的机会。经过两年的专门学习，他不仅取得了英语专科学位，成为一名合格的中学英语老师，也阅读了大量外文书籍，发现自己对法律类的书籍比较感兴趣。可以说，他以后把法律作为自己的毕生事业也就是从这里开始的。

于是 1987 年他参加了国家开设的法律自学考试，又用两年时间学完了全部课程，获得了专科学位。到 1989 年他二十五岁时，在辅导考研英语中受人启发又决定考研，可以说，这次改变人生的选择带有很大偶然性，但其中又有必然性，那就是长期的付出、知识的积累、兴趣的指引。这样到了 1991 年，时建中在工作十年后终于考上法大，连续读了徐杰教授的硕士和博士，同时也成为徐杰指导的第一个经济法博士生。

提起往事，他感慨："可以说考入政法之前我没有接受过正式的教育，这之后才真正进入了一个新的领域，那时候我觉得自己真正找到了人生的方向，那就是学习法律，这一辈子献身于法律。"

仁者不忧，献身正义

作为一名学者，时建中作为核心专家参与了《反垄断法（草案）》的研究、审查和修改工作，对《反垄断法》的出台做出了自己的贡献。

作为一名教师，他希望做一名受学生尊敬的教师。每次对自己所要讲授的内容都熟谙于胸，每次上课都用自己的激情去感染学生，上课时也会认真观察学生，一节课下来，要求自己能从他们的面部表情中得到一种信息的回馈。而且，他对学生也尽可能关心，由于条件限制，他能做的最多的是在学习方面给学生以帮助，学生发短信发邮件问问题，他一定是在第一时间回复。

不论是研究还是教书，献身法律是时建中一辈子的目标。对于有些人因为一些现实原因放弃自己的理想，时建中认为，学习尤其是做研究，很大程度上需要考虑自己的兴趣；再者，法治建设是一项旷日持久的任务，真正要考验的是法律人的决心和毅力，每个人都需要一种理想，或大或小，或远或近，但这样还不够，有了理想还要有对理想的不懈坚持，人要立长志不要常立志。

为什么法学会对他有这么大的吸引力？主要还是因为心存那份大仁大义。如他自己所说："法学最吸引我的就是它所崇尚的正义。我觉得每个人生而会有一种正义感，都会渴望这种正义，没有人天生就是邪恶的。"

法学吸引他的另一个方面是其明确的思维方式和严密的逻辑性。所以他时常告诫学生：文本比书本更重要，方法比知识更重要。

他认为，首先法律文本的制定本身就是各种利益博弈的一种结果，已经体现了各种利益。其次，在形成文本的过程当中需要研究、比较和鉴别几乎全世界各国类似法律法规，这样制定出来的文本就会最大限度地反映各国的立法设计和制度选择。而且（法律）文本反映了现实的迫切需求，可以说法律文本所反映的也是当前法学研究的最高水准。当然这不是指文本重要书本不重要，书本是文本的展开，一本经典的教科书是对文本最权威的解读，但通过对文本的解读也可以获得那些权威的教材所包含的内容，而且不限于教材的解释。教材的学习是为了帮助对文本的理解，对文本的解读又可以深化对教材的吸收。而学会如何去研究文本的时候，也就学会了一种很好的方法，就是用法学的方法来分析问题。

时建中说："作为学习法学的大学生，如果不能用法学的方法来分析问题，不仅是做不好一个法律人，即便从事其他职业也同样不会做好。法治的理念不是靠宣教可以获得的，作为法学专业的学生，心怀抽象的法律正义的观念远远不够，更重要的是要培养和锻炼实现这种正义的能力，这就要通过学习和掌握法学的方法来达成。一个空怀正义观念的人，只会抱怨说，这也不好，那也不好，却无力改变现实分毫，到头来终究一事无成，这样的人注定是一个悲剧。"

勇者不惧，迎难而上

除了学者、教师，时建中还有一重身份是行政工作者。

刚开始接受学校发展规划处的工作时，他还是一个完全没有行政工作经验的人。对他来说这是一种挑战，也是一种压力。但是没有经验并不是退缩的理由，他认为既然已经接受了这个任务，就必须义无反顾地迎难而上，把工作做好。

后来皇天不负苦心人，他们处获得了北京市教委的《2006年度教育事业统计工作》优秀集体一等奖，这在一定程度上也证明了他的工作能力。

不过他坦言，行政工作要做好，课也要上好，两者在时间和精力上确实存在一定的冲突。怎么办？上天不会因为你做两份工作就把你的一天变成四十八小时，那只能牺牲休息时间。他习惯把最重要的工作放到最后做，因为这样更有压力也就更有动力，效率更高。所以他一般把备课放到晚上，第二天就要讲课，他就必须激励自己把课备好才敢上床休息。

开始的时候，因为工作过于紧张，体检的时候有一些指标就不太合格了，医生建议他每天快步走一个小时。他就照医生说的做，三个月后再去检查，全部合格了。因为从中受益，于是后来他仍然坚持每天快步走，直到现在还在走。但有时候因为工作太累也会犹豫，就会放松自己。

他说："通过这件事我们可以看到，其实我们最容易原谅的还是我们自己，尤其是当我们在追求进步的时候，而有时候放弃时距离成功其实也就只有一步之遥了。但其实我们每个人心里都有一种向上的精神，这也就是自强不息的精神。"

舒国滢

诗意的行走

文/林美玉

舒国滢，1979 年进入北京政法学院（现中国政法大学）法律系学习法律，1986 年毕业并获法学硕士学位。同年留校法律系法理学教研室工作，1993 年至 1994 年赴德国哥廷根大学进修法哲学与法社会学。舒国滢现任中国政法大学法学院教授、博士生导师，法理学研究所所长，主要从事法理学、法学方法论、法美学、德国法哲学、法律论证理论的研究与著述。于 2002 年当选为第一届"最受本科生欢迎的十位老师"。

四十三年前，一个十七岁的少年背负着鄂北小村母亲满怀的期许踏上了北上的列车。由淮南到江北，由丘陵到平原，由乡村到城市，少年的心中是别样的憧憬，丝缕的豪情，更有点滴的忐忑。踏上这方魂牵梦萦的土地，笔墨纸砚已经摆好，这山，这水，这人，轻轻地呼唤着那个将挥毫泼墨的名字——舒国滢。

感性的求索——追寻一段法学情缘

"我愿意把求知问学看作是在故乡的田间耕作，顺应自然，日出而作，日落而息。"

在北京政法学院的校园小路上，这个山村的少年安抚下自己忐忑的心，描画了自己简单而丰盈的求学意旨。

对知识的渴望，对文学的热爱，对未来的憧憬，突然出现的美好现实，使这个小小少年体内蕴含的巨大激情史无前例地迸发了。天南海北的同学，各具特色的秉性，丰富深厚的才学，在思想和性格不断的碰撞中，他感受着人类精神的充盈完满。作为人类文化高度凝缩和总结的法律无时无刻不透着巨大的严肃深刻和居高临下，这一切让少年产生发自心底的畏惧。但是也正是由此激发了他对法律的无限探索和求知的欲望。"感谢那些把枯燥的法律还原于生活的老师，将我这个本质上渴望灿烂的感性的人引入自有其神圣庄严之美的法律的大门。"三十年以后，已经在法律的殿堂中游刃有余的舒国滢这样回味了对法律的最初痴迷。

感性的痴迷引领着他继续在法学的世界中如痴如醉，但是对于严肃的法律理性的思考是不可或缺的。法学实务和法学理论，对于他来说这两个选择如何取舍？三个月的实习期之后，舒国滢理性地告诉自己：你的方向是法学理论。于是 1983 年，同一座大学校园里我们再次看到了那个少年的身影，只不过此时的他已经脱去了迷茫和疑虑，坚定而从容地奔走在探寻法学理论的大道上。"更加理性地考察社会，用更加理论化的眼光去解释社会现象，且去反观自我。"在这个法学理论研究生的背后我们听到他静静地呢喃。

每个人的一生都有一段永生难忘和决定性的时间，1993 年至 1994 年无疑是舒国滢永远要铭记的一个时间节点。1986 年，研究生毕业以后的舒国滢留校任教，在大学的宁静氛围中继续深化着自己渐渐痴迷的法学理论研究。不懈的努力让他赢得了中国政府奖学金赴德国哥廷根大学进修法哲学和法社会学。于是 1993 年的秋天，哥廷根大学的席勒草坪和"七君子广场"多了一个东方学者的身影。

"这是一次修行，也是一次永远难以忘怀的生命体验经历。"哥廷根小城宁静祥和的生命启迪，鲁道夫·冯·耶林故居飘荡的法律精神的思想涤荡，大学教育宏阔宽广的教学视角，德国学者安静求真的学术研究理念，这所有的因素推动着他渐渐地摆脱最初的浮躁不安而走向安静的思考和求索。仿佛经过破茧化蝶的挣扎，孜孜以求的他终于找到了得以安身立命的根本——审美。"冯友兰先生谓人生有'自然''功利'

'道德''天地'四境。天地境，乃天乐也，所谓乐学合一，'学是学此乐，乐是乐此学'，理寓于欲，欲归于理。此等大乐，非一般人力所能逮。"审美的思路让舒国滢挣脱了单纯研究"法学内部问题"的局限性，开始从历史、哲学、美学的更加广阔的视角来理解法学理论。

"不再把自己定位为一个只懂得法律技术的'法匠'，而是要成为一个把法律知识纳入整个人文与社科知识系统的专业法律人。"循着这条感性求索之路，走出迷茫与混沌的舒国滢在法学理论的道路上开始追寻一段属于自己的法学情缘。

宁静的栖息——独守一份自由之境

"只有一颗自由安详的心灵，才会对大地无言的律动有如此的敏觉和体贴。"

家乡的泉井塘池，村后的翠竹松柏，夕阳西下的炊烟暮霭，熟悉的乡音软语，正是鄂北小村的水土养育了舒国滢素喜安静、崇尚自然、感性细腻的心性，使他与生俱来地带着恬淡优雅的文人气质。

基于对文学的长久热爱，舒国滢总是用手中的笔墨记下点滴的生活感悟和学理思考。校刊的固定专栏——《人文札记》记载着他一篇篇充满执着的爱恋的文字，《法制日报》（现《法治日报》）的专栏中留有他作为三十多年法律人的所思所想……彷徨与希冀，理性与感性，深邃的思想在他的随笔评论中不断迸发，感悟着生活也启迪着智慧。

现在的他担任中国政法大学教授，兼任中国法理学研究会理事、北京市法学会副会长等职务。教学研究，社会交往，学术交流，家庭责任，每一项活动都要占据大量的时间。在人生的"当打之年"，在学术的产出时期，感性的他理智地选择了时间的"减法"——完成必须完成的事务，有选择性地工作，让时间鲜活而生动。"人不可能同时做很多工作"，舍弃也是一种人生的必需。每天必有的读书写作时间，他时刻让自己拥有思想的安宁和休憩。"风瀛斋"，正是这里，成为走出大山的少年，事务繁忙的"文人学者"在文化和学理的道路上踽踽独行之后的栖息之所。

从这里出发，归国之后的舒国滢全心地投入法理学研究的全新角度之中。法哲学，法美学，法社会学，他开始尝试较多地运用法学以外的知识和观察问题的方式来研究法理学。他认为，"一种相对边缘的姿态选择，能够使得研究者与研究的论题间保持一个合理的距离，既不因为距离过近而看不清现象世界，又不会因为距离过远而空耗热情"。这种既不沉迷又不远离的态度使他获得了相对从容的理论选择，也使他渐渐以一种游走在法律边缘的姿态自成一家风格。1995年《战后德国法哲学的发展路向》发表，填补国内该项研究空白，获得部级科研一二等奖励多项。1999年发表《从司法的广场化到司法的剧场化》，2000年出版文集《在法律的边缘》，2001年发表《从美学的观点看法律》，充分展现了在法哲学、法美学研究上的才华。"空灵""隽永""雄浑""飘逸"成为他文字和思考的形象特写。

为了深入地了解德国法学，自2001年起，舒国滢开始翻译德国当代法学理论，尤其是在译介拉德布鲁赫著作及其相关研究方面用力最勤。拉德布鲁赫语言的魅力以及思想上给人的震惊和快感都让精通德语的舒国滢沉浸其中，"我始终把拉德布鲁赫看作是自己心性养成上的导师之一，他的个人体验也总是我们这个年龄（所谓不惑之年）的人的共同体验。"只要可以安安静静地翻译著述，感受伟大思想的精神涤荡，在他看来其中所有的辛苦劳累都可以视而不见。

于是，"风瀛斋"里夜以继日的劳累不断地诞生着他的心血和智慧的作品：2001年拉德布鲁赫的《法律智慧警句集》，2004年考夫曼的《古斯塔夫·拉德布鲁赫传》相继出版，同时他在法律论证理论和法学方法论方面的研究也尽心竭力，2002年德国当代法哲学家罗伯特·阿列克西的《法律论证理论》翻译出版，填补了德语法学文献翻译上的多项空白。他被日本学者铃木敬夫教授誉为中国目前"拉德布鲁赫翻译第一人"。

"苦也极致，乐也极致。此二者，文人专属也。"这也许就是舒国滢所追求的苦乐极致的境界吧。如今，"风瀛斋"的主人又开始踏上了另一段苦乐交错的学术之旅——潜心翻译奥地利法社会学家埃利希的《法社会学原理》。这又将是一段漫漫征程吧！

一杯香茶，一间陋室，一份宁静——一种真正寻找自由之境的生存方式——有了这份独守，足矣。

无悔的付出——收获一怀桃李芬芳

"知而不识者并非真知世间之事，识而不知者乃不知书本之理。有时候我们的学生动嘴甚于动手，而问题的关键是从今天开始行动。只有当一个人升华了，才能理解和研究升华了的东西。愿我们的同学以此相勉，共同精进！"

三十年余后那个羞涩的青年用深厚的法学修养和人文底蕴，面对着眼前这一双双求知若渴的眼睛，将一个人类工程师的殷殷期望娓娓道来。

1986 年，初出茅庐的舒国滢因着自己恬淡无争、安静务学的喜好，毅然选择了留校任教。血气方刚的青年用忐忑谨慎和热情努力开始了三尺讲台之上挥汗如雨的日子，而今已过不惑之年的他，走过三十余年教师征程的他，成就自己一方法学天空的他，掠过擦身而过的功名利禄，洗尽铅华，蓦然回首，"教师"仍然是心底那个最平凡也最温暖的词汇。

"舒国滢长期担任中国政法大学本科生和研究生教学的授课工作，先后讲授'法理学''法哲学与法社会学''西方法学名著选读''现当代西方法学专题研究''法学方法论'等课程。其采用讲授与研讨相结合的授课模式，授课内容深入浅出、高屋建瓴。"长长的工作简历记录着一名教师的足迹。

功成名就，著作颇丰，自成一家，三十余年三尺讲台的站立，就没有厌倦吗？"对于我来说，虽然行政事务和学理研究已经让时间捉襟见肘，但是每一次授课都是一次全新的经历。不同的孩子，相同的求知的眼神；相同的知识，不同的案例素材，新鲜感时刻贯穿在教学的整个过程，让学生活跃起来也让自己灵动起来。所以每一次授课于我也是一次精神的洗礼和升华。"

基于对我国法学理论的长期研究和对法制进程的深切关注，舒国滢有意识地将自己对于法学发展的忧思融入自己的教学之中，渐渐地形成了自己的一种独特的教学特色。"舒国滢注重的是对学生法律思维与法学气质的培养"——这是学生对他教学特色的切身体会和高度总结。

舒国滢认为，"法哲学本身有时并不能直接像法律政策学那样起作用，它不告诉你具体答案和解决办法。但它能够帮助人去深刻体悟法律的精神，反省法律职业本身存在的问题，强化我们的怀疑意识和认识能力，追寻法律终极的意义，培养法律职业人的职业良知。而这些恰恰是我们当今法律职业共同体中较为缺乏的能力和品质"。

循着这样的思路，在进一步的研究中，舒国滢渐渐认识到法哲学正是解决这一问题的出口。在教学中，他坚持依靠法哲学理论和智慧的支持，有针对性地从培养"执行法律的人"转向塑造有法律智慧与正义良知的训练有素的法律职业人。

他拒绝照本宣科式的老生常谈，他追求理论和生活的结合，他坚持做学问与做人的交融，他用为人师表的标准要求自己，把"公平、正义、责任"的观念尽情演绎。正是因为这样，他的课堂成为法大智慧和品格交融的磁场，吸引着无数的学子虔诚倾听。偌大的阶梯教室座无虚席，过道、走廊、门口甚至讲台边坐着、站着深深陶醉的学生。被学生紧紧包围的他看着周围求知若渴的眼睛，仿佛感受到无数希望的种子正在拼命地积蓄着萌芽的力量，作为一名老师，足矣。就是在这里，他的课堂真正地成了学生接受法学洗礼的圣殿。

2002 年 5 月，在中国政法大学五十周年校庆期间，经过学生评选和学校遴选，"最受学生欢迎的十位老师"和"优秀中青年学科带头人"的称号献给了这个"最可爱的人"。彼时的舒国滢感慨万千，作为一名教师，这样的称号是一直以来的追求。站在岁月的路口，"四年四度军都春，一生一世法大人"，迎来稚气未脱的少年，送走风华正茂的青年，舒国滢很欣慰的是，"教过的学生不管在什么样的工作岗位上，做人方面都是好的"。

"适应环境的同时遵循个人爱好和特点，不囿于专业框架，广泛涉猎文学和社会科学知识，形成作为一个大学生基本的开阔的心胸和视野。同时作为一个法学专业的学生要自觉地将做人和做法律人联系起来，坚持责任意识和规则意识，做一个有底线的法大人。"舒国滢总是在新生的第一堂课上将这样的求学理念谆谆道出，这是他自己的人生体味，也是对孩子们的殷切期望。

在中国政法大学五十周年校庆之时，舒国滢写下这样的校名阐释：弘中华国志，通政情法意，求大道学术。短短十五字，字字珠玑，道出了他对事业的热爱，对法大的祝愿，更包含对学生的希望和信心。

"每一代人都有自己不同的历史使命，我的使命就是铺路奠基——为未来的下一代学者做力所能及的铺垫。"现在的舒国滢用每天满满的时间表和紧张的翻译工作实现着作为一个铺路人的宏愿：在借鉴德国法学研究方法的前提下，继续推进我国的法学方法论研究，使我国法学界第三代、第四代走向国际舞台，成为国际法学界的重要影响人物；在逐步回归民国法学传统的同时与国际法学界开展广泛的交流，学习引进翻译国际法学优秀作品，渐渐形成中国原创性的法学体系，到法学界第五代、第六代时建立中国特色的法学传统。一个法学家的思虑长远和高瞻远瞩近在眼前，一个奠基人和铺路人的身影清晰可见，一段踽踽独行的上下求索之路已经在他充满忧思和信心的眼神中铺展开来……

"为学——遵循心性，脚踏实地，尽我所能；为人——低调勤恳，不慕功利，宁静淡泊。"这就是舒国滢——醉心于农人般日出而作，日落而息的耕耘，用一颗自由安详的心灵在生命的纷繁芜杂中坚守一份诗意的行走——且歌且行。

田宏杰

润物无声三春雨

文/任重远　边　慧

田宏杰，法学博士，金融学博士后。2005 年 1 月被聘为中国政法大学刑事司法学院博士生导师，后调入中国人民大学法学院刑法教研室工作。主要研究方向为刑法文化、经济刑法、比较刑法。其为人谦逊温婉，治学严谨，逻辑缜密。于 2006 年当选第二届"最受本科生欢迎的十位老师"。

有一种自由叫作思考，让你徜徉于学术的海洋，安详宁静，随浪起潮去；有一种快乐叫作无悔，让你尽心于自己所爱的事业，默默耕耘，待花开果落；有一种付出叫作挚爱，大爱无言，润物无声，却不禁令人为之动容！

——田宏杰印象

原容量二百五十人的阶梯教室，现如今挤满了四百余人，或凝神静听，或奋笔疾书。讲台上，大家目光所聚焦的地方，一个身材瘦小的女子正自信而优雅地娓娓道来，声音清晰，条理分明。而她的背后，是满满一黑板字迹工整的板书。她，就是田宏杰，法大第二届"最受本科生欢迎的十位老师"中唯一的女性，一千一百四十八张选票的背后，是更多学生的尊敬与感动。

日子——见证她一路走来

细数田宏杰老师的荣誉，实在令人惊叹：四川大学数学学士、法学硕士，中国人民大学法学博士、经济学博士后；中国法学界最年轻的女教授，最年轻的女博导；现在同时在法大和人大带本科、硕士和博士，法大"最受本科生欢迎的十位老师"之一，近年都参与了法大考研和考博的命题。

难以想象，这样一个瘦弱的身躯，竟能扛起如此之多的责任，且都能一一出色完成。或许这个有些男性化的名字本身，即能随时为她注入英气，使她在这条并不平坦的求学路上走得坚定坦然。

自从选择了法学，无论是在川大法学院读硕士的时候，还是在人大法学院读博士的时候，田宏杰还没有一次，让一等奖学金从自己手中溜走。然后，更以一篇全国优秀博士论文——《中国刑法现代化研究》，为自己的博士生涯画上完美的句号，进入中国人民公安大学法律系任教。

接着，提前一年破格晋升副教授，被人大国际刑法研究所聘为兼职研究员，作为"中国—欧盟法律与司法合作项目"高级访问代表团成员访问欧盟八国、参加欧盟司法改革运动的考察培训。然后，被公安大学聘为刑法学专业硕士生导师，提前三年破格晋升教授。之后，作为中国政法大学引进人才，引进至中国政法大学刑事司法学院工作，并于次年被聘为刑法学专业博士生导师。

教学之余，还挤时间学习了日语（二外）和法语（三外），拿下了人大的应用经济学博士后，让自己的知识更丰富、视角更宽阔。于是，在法大的刑法课堂上，才有了那个授课时既逻辑严密又丰富生动的田宏杰。

课堂——永远奋进的战场

"只有面对书本，面对学生，我才是踏实的。"这对学术与学生的朴素承诺，田宏杰老师一直用自己的行动努力履行着。

她讲课十分认真，一丝不苟，每一个知识点都能讲解得十分清楚、全面，生怕遗漏些什么。有的时候你会觉得她有些啰嗦，以前讲过的知识点过一段时间又会重复一遍。但是我们知道，干练的田老师"旧事重提"并不是因为啰嗦，她的"重复"是因为她担心同学们对过去重要的知识点生疏了，所以才重点强调。

而这"啰嗦"，也往往与博学关系甚密。在涉及刑法罪名的时候，她不仅把有关刑法的原理讲明白，甚至把其背后的民法、商法、经济法和国际经济法的内容也顺带讲出来，让同学们从更深层次理解法条背后的理论基础。比如有一次课她讲到"信用证诈骗罪"的时候，居然提到了国际法上的"信用证融资"行为。而这个内容，即使在国际经济法的专业课上，国际经济法的老师都未必会提到。听过她的课程的人都会觉得，田老师并不只是"在商言商"，就刑法谈刑法，她对一些部门法的详尽了解，让她的刑法课具备了理论与实务并重的特色。

于是，在她的课堂上，学生们可以领略到的，不是简单甚或呆板的法学条框，而是多年综合历练形成的缜密思维。多学科的探索，多领域的摄取，多方位的推演，刑法的精神真谛，在她的口中摒弃残酷与空洞，绽放人性、理性和逻辑的光辉。

学生——永恒守望的方向

那对学生的丝丝关爱，早已浸润到了一个个细节之中。如汩汩的泉水，滋养着学生的心性。

工工整整的板书，一写就是一黑板，写满了擦，擦完再写满。每堂课上，这样的动作她不知要重复多少遍。只为了帮助同学们把内容记全，没有疏漏。看着她执着的样子，看着粉笔灰在她的身边飞散，大家都忍不住心疼——这样不停地站着、不停地写，一连就是两三个小时。老师，您累吗？瘦弱娇小的身躯，习惯于熬夜的深陷的眼眶，即使通宵未眠仍能神情饱满的瞳仁——除了震撼，实在找不出什么更合适的词来描绘她给你的感觉。

"如果哪一节课我有哪一个知识点没有很好地阐述，没有讲解得非常清晰，晚上入睡前我眼前总会浮现出学生充满求知欲的眼神，我会感到非常不安，甚至难以安睡。"教书育人，皆以"心安"来作为衡量自己工作的尺度，于是终于理解，为何节假日时，她总要无偿地为学生补上那么多的课。

尤其是那次在元旦的补课，恐怕任何人听了，都会被她的诚挚和认真所感动。那一天，田宏杰老师从早上八点半开始一直讲到晚上，十几个小时就这样站着给大家讲课。午饭晚饭都没有吃，就上午和下午休息了两个十分钟。而她最后用来结束这次补课的方式和话语，至今仍令人难忘，仿佛就在昨天。到了晚上九点多的时候，田宏杰老师用手扶着额头说："抱歉了，同学们，我觉得现在思绪有点乱，心里怦怦地跳得厉害，我觉得再讲下去我可能会坚持不了，咱们可以再约个时间补课么？"

无怪乎当时那么多的学生泪如雨下，无怪乎讲台上堆满了学生为她买的点心、饮料，更无怪乎当她要离开法大的消息传来时，"沧海论坛"上无数个帖子只为同一个主题："田老师，别走！"

还有不止一次，因过度辛劳而晕倒在课堂上；刚从外地出差回来，为参加学生的活动，一下飞机就打车直奔学校，顾不上吃晚饭；本已决定调到人大任教，又因为法大学生的恳切挽留，而最终还是选择了加重负担，两地授课。她给学生的，实在太多……

正如一位同学所说的，"听她的课，不仅是一种享受，同时也更是一种深深的感动"。

感念——在风中飘扬

有人曾说，一名老师的最高荣誉，乃是学生的敬仰与爱戴，这超过了世上其他的一切权威奖项。而对于田宏杰老师而言，所拥有最多的，就是学生们的敬与爱。在百度上敲入"田宏杰"三个字进行搜索，诸如下面的文字历历在目：

忽然想起田宏杰老师。她简直什么都不缺了，还拼命来给学生上课，一天就睡两个多小时。我想她并不是在证明什么，她只是爱她的学生。她说："与其说是学生感激老师，其实对我来说，我更感激我的学生。"在她的身上，我看到了朴实的美。

——摘自"芙蓉琪人"的博客

田宏杰，一个让我敬佩得五体投地的女人，一个让世间须眉汗颜的女人，一个挑战身体极限的女人，一个取得了无数的成就却依旧谦恭谨慎的女人。每一次看到她，总是会燃起我对生活的无限希望，我会惊叹法学的博大精深，惊叹学者的睿智深邃，惊叹世间会有这样的奇异女子。

——摘自"游泳的鱼"的博客

田老师的课一直受到无数追捧，堂堂爆满。窗口都能挤满了人。这样的盛况在法大女老师的课堂，委实难得。据说她讲课两手空空，没讲义和教案，空口可以讲出一个逻辑缜密的体系。背起法条精准无误。她经济学出身，数学的思维，本科的时候又极留意自己的人文素养。对她而言，任何学科好像都畅通无阻。一个女人的最高成就，莫过于模糊了性别的业绩。

——摘自"环佩叮当"的博客

虽然本次没能亲身采访田宏杰老师，只能通过同学们的评价来为她描摹出一幅侧影。但仅仅是那些耳闻的事迹，即能让我感到无比的敬佩与震撼。

润物无声三春雨，祝我们可敬可爱的田宏杰老师，在以后的道路上，能越走越好。

王人博

人生，自然而然

文/刘慧杰

王人博，法学博士。现任中国政法大学教授、博士生导师。主要研究方向为宪法学、西方法律思想及政治哲学史。代表著作有：《法治论》《宪政文化与近代中国》及《宪政的中国之道》。其潜心科研，待人诚恳，备受学生喜爱，于 2002 年和 2008 年分别当选为第一届、第三届"最受本科生欢迎的十位老师"。

"我们都是平凡的人，平凡的人过平凡的日子。"在这位教书匠眼里，人生中历经的一切都是那么的自然，坚守自己的生活方式，才是最重要的。

眼前这位 1958 年生于山东、由于高考时的阴差阳错而与法学"缘定终生"的法学教授，银丝已悄悄爬上了发梢，眉宇间不经意地多了几条深深浅浅的沟壑，话语中却仍透露出年轻人般的激情。一件灰色的休闲夹克，恰到好处地衬出他的率性与随意。熟悉他的同学都知道，每次课前，王老师习惯性地提前十来分钟到达教室，在桌角习惯性地放上一瓶冰红茶，静静等候铃声的响起，课间习惯性地抽上一根烟，以保证同学们有五分钟的休息时间。采访王人博，是在新学期中国宪政史的第一堂课后。下午一点半前，能容纳 200 多人的阶梯教室渐渐坐满了前来听课的同学。一如既往的开场白，王人博坦言："我在课堂上，就是想和同学们聊聊天，聊聊历史与人生。"

命运引领他步入法学殿堂，并最终走入了法大的校园

"在别人读书的时候种地，在别人赚钱的时候读书。"做过村里人队团支部书记，干过县里广播站的通信员，还当过一年的高中语文教师，王人博的求学之路走得有些艰辛。热爱文学的他曾经有一个成为中国"第二个鲁迅"的梦。因此，在 1979 年，他以优异成绩进入西南政法学院学习法学，并不是他的初衷。学习法律后，王人博的阅读方向没有太大变化，文学、历史、哲学，还有当时课上学习的国家与法的理论、国家与法律通史、党史、革命史等方面的书，都是他爱不释手的。

两年来人文社科类书籍的不断熏陶，让王人博在大三那年，慢慢对法学有所感悟。同时，研讨课的开设成了他法学之路的起点。课堂上，他可以用自己的话语、自己的思维与老师、同学交流，并经常能得到老师的夸奖，从而帮助自己重拾往日的信心。渐渐地，王人博窥到了法学的门径，也坚定了自己留校任教、从事学术研究的理想。正像他所说的，"潜移默化中，想当鲁迅的想法逐渐淡化，而做卢梭、孟德斯鸠的想法正在不断上升。"

《法治论》是王人博早期的学术性代表著作。当年他刚刚从西南政法学院毕业留校任教，读到一本名为《法治与人治问题讨论集》的书，发现其中的讨论虽然"热闹"，却没有从根本上说清什么是人治、法治的问题。什么是法治？法治包括哪些要素？法治思想是怎么形成的？这本《法治论》就旨在探讨这些问题的答案。尽管现在看来觉得这本书只是表述了有关法治的基本常识，但他与挚友程燎原的这部合著至今仍堪称国内系统研究法治理论的开山之作。1989 年《法治论》出版后，中国出现了"法治热"。就在这股热潮中，王人博又把学术研究的兴趣转向了宪政理论。在二十世纪九十年代初，他完成了《宪政文化与近代中国》一书。书中深入剖析了西方舶来的宪政观念与中国文化的冲撞，引导中国的法学学者，回到中国的历史、场景和立场上，探讨中国宪政思想的来龙去脉，这些都体现了他前瞻性的眼光和时代方向的洞察力。

谈到自己的学术理想，王人博坦率地讲了十个字：慵懒地阅读，认

真地书写。在他看来，写作本是无心插柳的事情。如果你真的是为了什么振兴中华，想改变别人的观念的话，基本你的东西会没什么价值的。"写东西应该首先以告诉为目的，而不是想去影响这个社会。"只不过当你决定去写作时，就要认真地去做。

有着深厚史学素养的王人博在 1999 年师从法大终身教授张晋藩，攻读法律史专业的博士学位。两年后顺利取得学位的他，就接到了法大向他递出的橄榄枝。考虑到法大以法学为主的学术环境，"以教师为主体，以学生为本位"的办学思路以及教育部的强大支持，王人博最终于 2002 年 7 月踏上了军都山下这片宁静的土地。

刚到法大不久，王人博就承担起了法大核心期刊《政法论坛》的主编工作，由于出任过《现代法学》（兼《西南政法大学学报》）的主编，新工作驾轻就熟。"板凳要坐十年冷"，做学术，要耐得住寂寞。尤其主编这样一本面向学者（大学教师）和"潜在学者"（法学专业学生）的期刊，提高学术质量是关键。在编辑部，王人博提倡既要注重"大家"的"大作"，还要善于发现并推出有潜力的学术新人新作。围绕着"如何推进中国法学研究的进步"这一使命和一切为了中国政法学术的办刊宗旨，《政法论坛》的用稿原则是："只要学术上有潜质、有建树的稿件，不论作者的身份高低，我们都会认真对待。"2005 年，《政法论坛》分四期连续刊发了邓正来先生的十七万字长文《中国法学向何处去?》，一本学术期刊发表如此长篇的专论，在中国学报史上可谓是头一遭。王人博对此解释："因为中国法学知识的生产存在问题，这篇文章，对中国目前法学知识生产所存在的问题进行了深入的批判，中国法学是到了应该好好反思的时候了。"这个举动无疑在中国法学人面前展示了王人博的无限魄力，也奠定了《政法论坛》中国理论法学界前沿阵地的重要地位。

选择法学研究作为终身事业的王人博，对史学始终怀有一种单纯的热爱。他喜欢历史，喜欢一个个发生在遥远年代、记载于发黄纸页上的故事。在他的眼中，与其纠缠于眼前的纷纷扰扰，不如多读些史书，"有了距离，自由了很多，心情也变得豁达了"。阅读历史，阅读他人的经历与遭遇，让王人博学会了如何更加安静地生活，率性地安排自己的人生与心情。

三尺讲台，彰显着他的才华与人品，承载着他的梦

和王人博聊天是一场轻松的海阔天空，他敏捷的思维在宽泛的话题间自如地跳跃着，与记者展开着一轮轮发散性的对话，从有关人生、历史的话题，到曾经热播的《大国崛起》，喜爱的书籍和音乐，以及张艺谋的《红高粱》。谈笑间，他总能带给对方知识与快乐。正像他的课堂，给学生带去的思想上的启迪与没有芥蒂的真诚，令人如沐春风。

"很震撼。"谈到大一时第一次走进王人博的课堂，法学院 2003 级吕牧栋这样回忆道。落户法大的王人博选择在本科生部开设"中国宪政史"这一课程。选修课的性质，给了他充分自由选择授课专题的巨大空间。课堂上，他敢于面对历史，颠覆传统观念，总会融入很多对中国宪政史的原创性理解，一些观点甚至尚未形成完备的理论系统。他善于把历史与现实联系起来，从中西方基本概念的界定到自由主义在中国语境下的重新阐释，从洛克、卢梭、霍布斯构建的社会契约论到斯宾塞的社会达尔文主义，一一信手拈来。充满感染力的话语，强有力的表现张力，具有韵律感的语言节奏，不是冷冰冰的理性说教，而是将感性带入传道解惑中，他教的是历史，学生学到的却是思想。

好像电影中的蒙太奇，短短的一个半小时，看似天马行空的授课中，一条贯穿始终的线索清晰可见。非同一般的知识驾驭与语言表达能力，与王人博治学教书多年积累下的深厚功底及课前的精心准备密不可分。很少有人知道，为了上好每周两个课时的中国宪政史，王人博会提前花上一两天的时间思考如何上课，如何让自己精心构建的语境在课堂上自然地扩散。王人博的课，往往是想象多于知识，启发大于说教，最重要的是启迪思考。随着自己知识背景的拓宽，吕牧栋在高年级又多次听了王人博的课，感言"收获很大"。

在王人博的眼中，他的学生永远是"孩子"，孩子需要长者的引导，而他乐于去做青年人的导师，去做一名大学校园里的布道者。外向的性格，谦逊的人品，还有后天一点点加强的教师责任感，让他得到了

越来越多学生的信赖。王人博笑称，每次和学生聚会，大多数时间都是学生听他讲，分享自己近期的阅读与感想。给本科生讲课、开办讲座或聊天，他总能感受到来自青年人的无限活力和新鲜想法。言谈中，他不仅给学生补上了中国宪政思想史这重要的一课，还透露出他对人生、家庭、幸福等重要概念的理解，潜移默化地影响着许多学生。"那是一种享受。"民商经济法学院 2004 级姚明斌说。

没有教授的架子，为人随和、坦诚，只要学生有问题，王人博就会毫无保留地解答。如果是自己不能答复的，他宁可保持沉默，也不会随随便便应付学生。他从不会因学生提出的问题幼稚而看不起他们，相反，他总是默默鼓励着后生晚辈在学术的道路上慢慢摸索，前行。"无知并不可耻。"这句话是他对学术的态度，也是他对生活的基本态度。王人博对于人类有限理性的透彻认识，慢慢影响了姚明斌看待事物的角度。"王老师谦抑的心态，让我受益终身。"

2005 年王人博写的一篇文章《凡世·凡人·凡心》中有这样一段话："这是一个'英雄和小丑走在同一条路上'的年代。我深知自己柔弱的肩膀无法扛起'天下兴亡'的职责，那三尺讲台就是最大的活动空间，热心的听众就是那些人性可教的学生。"自称为"教书匠"的他，没有太多的奢求，只希望自己的课程，能给学生带去愉悦，带去思考与启发，学生获得一些正面的领悟与收获，他就满足了。

在我校"最受本科生欢迎的十位老师"的评选中，王人博两次位列其中。这个从不在学生面前掩饰个人好恶的性情中人，这个凭借着真才实学与对人的真挚坦诚打动他人的教书匠，在法大的校园，获得了来自学生的尊敬和喜爱。

顺着生活的轨迹慢慢前行，快乐地做人做事是他不变的追求

问及王人博对自己生活的规划，他笑着摇摇头，简洁地说："随遇而安。"如今，王人博经常往返于昌平与学院路的两个校区，认认真真地给学生讲课，勤勤恳恳地编辑《政法论坛》，偶尔也会主持、参加一些宪法讲座。他还兼任着法大第八届学术委员会委员一职，主持着法大

法学核心课程精品教材的编辑工作，承担着教育部重大攻关项目"中国法制现代化的理论与实践"及国家社科基金项目"中国宪政思想"的相关课题。除看点儿书、教点儿书、写点儿字外，偶得闲暇，王人博喜欢想点永远没有答案的问题，好像他喜欢的《卡拉马佐夫兄弟》中提到的，人总要为心中的疑问追寻答案。也许，对于这样一位对人生有着通透理解与包容的教书匠，随着自己的才华与性情顺流而行，已经是最圆满的方式。

对自己走过的日子，王人博很满意，上课认认真真，身体健健康康，全家人平平安安，正如他自己所言，"不枉为人子、为人师、为人夫、为人父"。他认为，人活一辈子不过几十年，个人追求可以不同，人生形式也有千百种，但最终的人生目标无疑是让自己活得快乐。快乐说来很简单，却值得每个人细细品味，小心珍藏。在许多场合他都不忘告诫现在的年轻人不要好高骛远、把希望抵押给未来，珍惜当下才是最重要的，才是快乐的源泉。因此，他从不轻易为任何一个学生指路，包括自己的女儿。他相信，各人有各自不同的兴趣爱好及能力溯及范围，通过自己的判断力做出选择，是每个人的权利。"世上本没有路，走的人多了，也便成了路。"在这位已届知天命之年的学者眼里，鲁迅先生的这句话仿佛有着更深层次的含义。

这些年来，王人博在法学界颇具影响，想到自己能将自身兴趣爱好与谋生手段结合，实属一件幸事。尽管比起担任了很多兼职、干实务工作的同行，王人博的生活不算富裕，但是他很满足。"中等生活吧，选择了做老师，我的最底线就是不争春秋，只求温饱。"对这种生活方式的认同与坚守，自然离不开家人的支持。从1983年教书以来，王人博经历过两次大的冲击，一次是全民经商，一次是全民下海。家境困难时，他也曾想过到企业兼职。但经过审慎的思考，觉得自己到底不适合这项工作，也就放弃了。那段日子里，女儿出生不久，日子过得比较清苦。这个时候，妻子总是很理解他的心情，"穷日子就当穷日子过嘛，何况咱们的日子比起许多人算不错呢。"快大学毕业的女儿在物质上也没有太多的讲究。体贴的妻子和懂事的女儿，让王人博更坚定了做一辈子教书匠的愿望。对于她们，他始终心存感激。

王人博的家中有很多影碟，不仅有最新版的《007》《加勒比海盗》系列，还有催人泪下的《廊桥遗梦》、耐人寻味的《军旅轶事》，欧洲的文艺片，好莱坞的大制作。谈起电影，他如数家珍。受女儿的影响，喜欢音乐的他会听港台的流行乐、韩国的劲歌舞曲，轮回、唐朝、崔健、肯尼基的 CD 也能在他的唱片夹中找到。而他最喜欢的还是经过了时间洗练的中国传统民乐，尤其是古琴与箫演奏出的曼妙旋律，总能触动他心中最柔软的部分。"人不能一味沉浸在通俗之中，就好像人不可能永远清高。"对于各具特色的不同文化，王人博显示出超乎寻常的包容，"不妨换一种方式，也能得到心灵的收获。"

最近，他在读马幼垣的《水浒二论》，因为喜欢《水浒传》，只要见到相关的好的学术著作，自己就要找来读一读，看看别人从哪个角度切入研究。他坚信，"好奇心是一个人阅读的动力"。倚着柔软的沙发靠垫，一手拿着刚刚点燃的香烟，一手缓缓翻弄着书页，看到精彩之处，情不自禁笑出声来。有时，读到一个好句子，那种如遇知音的感觉能延续好久。在王人博看来，阅读年轮的日益增多，渐渐消解了最初读书的目的，因为阅读已内化成自己生活方式的一部分，很自然。

教学、编书、写作、思考，在越来越多忙碌得不知如何停下脚步的都市人眼中，这样的生活也算得上清闲。目前，尚能平衡其间的关系，也没有感到太大的压力，王人博自然而然地乐在其中了。对于自己始终挂念的法大"孩子"，他提醒年轻人要找准定位，不要在瞬息万变的社会中迷失自我，"希望我们学生的年龄与心智携手一起成长"。

"每次去研院上课，路过明光桥底，总能碰到这样一群老人，下棋、遛鸟，很羡慕他们自得其乐的生活状态。"而这正是王人博喜欢的生活状态，这么多年，他追求的始终是心灵上一种远离江湖的宁静。"我们都是平凡的人，平凡的人过平凡的日子。"在这位教书匠眼里，人生中经历的一切都是那么的自然，坚守自己的生活方式，才是最重要的。

王 涌

平淡，亦是人生

文/樊春燕

王涌，法学博士。现任中国政法大学教授，博士生导师，商法研究所所长，哥伦比亚大学法学院高级访问学者。主要研究领域为分析法学与民法、公司法、证券法。其治学严谨，潜心科研，著有大量著作。于 2006 年当选为第二届"最受本科生欢迎的十位老师"。

"绚烂之极归于平淡。平淡是真性灵的流露，是本色的自然呈现。"

——周国平

他总是衣着朴素，面容安静平和。他温文尔雅，幽默朴实。在大学生成长沙龙中，他带着一如既往的笑容走到了学生中间。他告诉大家大学四年，除了学好专业知识，更要注重培养自己独立思考的能力，拥有健全的心智。他还向同学们强调要正确看待自己，有相信"只要不倒下，就是成功"的韧劲儿和"凶猛"的学习精神。他建议同学们多读书，不要局限在"快餐式"的教科书中。他建议同学们多读传记，并通过自己的感悟写些文章。这些，都与一个熟悉的名字——王涌——联系在一起。

选择——执着于心

他，出生在江苏这样一个人杰地灵的地方，这里赋予了他内敛而平和的性格。1986年，他考入中国青年政治学院。在这里，他对学术产生了浓厚的兴趣。然而，年少气盛，他也渴望在社会进行一番打拼，指点江山，激扬文字，闯出自己的一片天地。1990年，他大学毕业。怀揣少年的憧憬，他走进了社会，走入了政府机关的圈子里。90年代，虽距我们现在不太遥远，然而那时的空气却远不如现在这般开放与自由。社会的嘈杂、环境的压抑，让他无法在自我的精神世界中畅快翱翔，无法享受一份宁静、体会一种乐趣。离开了知识的滋润，每天在政府机关重复着单调的程序和乏味的工作，他失去了精神的依托，有如树木失去了赖以生存的养分。

于是，他毅然决然地放弃了优厚的待遇，凭着大学时期培养的那份读书热情和学术激情，走上了那条新的他渴望已久的道路，开始了自己的学术生涯：1993年至1996年他就读南京大学法学院，获经济法学硕士学位；1996年至1999年就读中国政法大学研究生院，获民法学博士学位。此后，便毫无杂念地留在了中国政法大学。

在2007届毕业典礼上，他说过这样的话："所谓'毕业'就是电脑EXPLORER页面上那个'刷新'键。"那么我们也可以说，留校就是他人生旅途上的一次"刷新"，摒弃了从前的嘈杂与烦乱，专心投入学术领域，开始了新的人生篇章。对于知识的痴迷、学术的激情，引导着他在精神的海洋中畅游。他孜孜不倦于自己的学术研究，兢兢业业于自己的教学事业，体验一种精神上的愉悦和自由。

抉择一念间。在世俗与精神之间，他选择了后者，坚决而又果断。从此，法学界中又多了一名开拓者。

他从未后悔选择学术研究这条道路。对于法大的选择似乎也是冥冥中的注定。1994年，他代表南京大学参加了全国大学生辩论赛，在那里他遇到了江平教授。他坦言，他日后选择留在法大的最大原因正是当时萌生的对江平教授的仰慕。对法大的热爱，对即将作为一位教师的期望，也是他下决心留在这里的原因。可以说法大无论当时抑或现在都是法学最高学府之一，这里有各地最优秀的学生，而任何一位从事教师职业的人都希望"得天下英才而教育之"。即将身为人师的他也不例外，他期望在这个教师的舞台上展示自己，享受一份在不断地自我更新中的压力，体验一种将所学知识和社会经验传授给莘莘学子的乐趣。

第一次站在讲台上时，因为意识到了讲课与学习的巨大差别，他也曾紧张，也曾忐忑不安，但随着时间的推移，他开始进入自己的角色，紧张感逐渐消失。从那时起，他从一个年少气盛的少年蜕变成一位沉稳的教师。回忆起那段日子，他莞尔一笑，笑中有缅怀也有对如今自己的自信。比较那时的他与今日的他，不免让人又生出一番感慨。

学术追求——做真学问

1993 年他进入了南京大学。当时的法学专业同样算是一个热门专业，专业性强，社会需求明确。而且作为一名文科学生，法学也更切合他自身的特点，于是他开始了自己的学术探索之路。1996 年 1 月他发表了自己的第一篇法学论文——《社会法学与当代中国法的理念与实践》，也是从那时候开始，王涌的名字逐渐为众人所知。

每一位从事学术研究的学者都有自己的学术理想，他亦不例外，当问及他的学术理想时，他不无憧憬地说，"其实我最大的愿望就是能够做真学问，做真正有贡献的文章而不仅仅是一些应景之作"。他也一直朝这个方向努力着。

作为一名法学学者，他对法学亦有自己独到的见地，他否定了世俗对于法学的认识，认为"世上最珍贵和最深奥的学问不是法学，不是什么'物权行为的无因性'，也不是什么'公司人格否认'，而是一种在精神层面上理解和获取'人生幸福'的智慧和能力"。他如是说，他也确实践诺了。

他的专业研究方向是分析法学与民法、公司法、证券法。它们是他汲取精神营养的源泉。他将它们作为他精神的支撑与幸福的依托，而没有让它们成为自己炫耀的资本。虽然课堂上，他是幽默的，然而对于学术问题的严肃态度却是毋庸置疑的。字词的把握，语意的表达都是恰到好处。他从人生之道中提取研究法学的方法，摆脱了教条化的研究模式，从而从历史学、社会学等多角度进行比较研究。

如今，他担任中国政法大学民商经济法学院商法研究所所长，于繁忙中，他享受着人生。于人生中，他感悟着法学的魅力。

他一路走来，并将坚持不懈地走下去。

自我追求——狂者进取

"生活就是幸福，然而生活又是短暂的，所以只有在学术倡导、艺术享受与自然美中慢慢体悟。在我看来，在有小康生活作为保证的前提下，任何权利与财富就显得并非十分重要，精神创造与精神交流更为真实。"当被问及对生活的定义时，他如此回答。

他曾经这样形容自己："比较勤奋，脾气较好，偶尔也会冒傻气。"他的学生也这样评价他的授课，"幽默但又不失系统化"，学生与他是一种平等关系，知识不再拘泥于口耳相授的形式。有师如此，学生足矣。在他的课堂上，没有老师，没有学生，只有思想的碰撞和知识的交融。他曾这样谈过自己的授课原则："我做过学生，我知道学生需要什么。老师对学生应遵循'真诚'二字，一是知识上的真诚，二是交往中的真诚。讲给学生听的所谓知识，应该是自己从内心觉得有价值的、有趣味的、被触动的，所以，我把自己当作自己课堂的第一个学生。"正是这种发自内心的真诚，让他受到学生们的欢迎。在第二届"最受本科生欢迎的十位老师"评选中，他位列其中。

不仅授课如此，在待人处世方面，他对自己的真诚也从不吝啬。还记得初次采访他的那一回，一个法学院的小女生，怀抱一份单纯的崇拜与热情，跑到他跟前要他签名时，他是那么平和亲近。而当事后与他谈起时，他微微一笑，不加渲染，也不曾谦虚推辞，仿佛我们谈起的是他的一位多年老友的陈年往事。

印象特别深刻的是第一次走进他的授课教室时，他的学生们都从容地查看自己的座位，完全没有那种抢座与占座的繁忙与紧张。原来，每学期开课，他都会提前对学生的座位做好安排。这种别出心裁的安排不仅方便老师认识学生，而且也方便学生，学生不需要提前占座，浪费精力。

他平静且坦然地生活着，然而在他平和的外表下隐藏着一颗执着而进取的心。在与他人的交流中，这种积极进取的人生态度经常自然而然地流露出来。与他交谈过的同学颇有此感。

"狂者勇进"是他最喜欢的一句话。他还特别指出，这里"狂"的意思是在精神上急流勇进。"天道酬勤"也是他钟爱的一句话。他特别重视勤奋在成功中所占的位置。在他看来，成功就是勤奋与悟性的结合，生命在于搏击，只要奋斗就有希望，失败只有一种，那就是——放弃努力。所以他一直努力着，做着他自己心中的"狂者"，为着自己的学术理想，也为着体验一种幸福。

他喜欢鲁迅，因为鲁迅创造了一种新的文体，一种可以真正表达思想，表达对社会、对人生的深刻体悟的文体。他也喜欢王阳明，正是从王阳明的心学理论中，他明白了幸福其实是一种"心"的体悟，心敞开了，幸福自然而来。不可否认，这两者在某种程度上有着暗合之处：都是"狂者"。鲁迅，一位看透世态人性的狂人，一种新的文体的创造者；王阳明，一位对"心外无物"这一哲学理论执着与坚持的狂者。最近，他正在阅读赫兹里特与兰姆，这两人都是著名的散文大家，前者的激情与后者的披肝沥胆让他心向往之。

寄语同学——拥有一颗不同凡响的心

他说："上苍赋予我们生命，我们就拥有了人生百分之九十九点九九九的财富，珍爱生命才是人生的要义，其他的都是那小数点以后的事情了。"

他说："你们还要学会宽厚。不要轻易地嘲笑一个人、一件事或一种理想，世界是如此的广博，我们需要细细地体味、静静地观察和深深地思考。"

他说："人通常不是被生活本身所击倒，而是被焦虑和畏惧所击倒。

正如罗斯福在 1933 年面对陷入经济危机而几乎绝望的美国人民时所说的那样：'The only thing we have to fear is fear itself'（真正让我们恐惧的是恐惧本身）。"

他还说："在成长的过程中，你们需要多种多样的精神财富，帮助和武装你们去应对社会和人生的不同侧面和困境。手中仅有史尚宽和王泽鉴的'天龙八部'，那是远远不够的。你们需要柏拉图、需要康德、需要鲁迅，甚至还需要尼采和王朔，学会不同的观念、不同的语言和不同的表述。"

在法大论坛，他送出这样一句话：相信自己的良知和智商。

正是这些话，让已近毕业的准毕业生们感动得一塌糊涂，哭得全无风度。即便日后，念及这些话，也没有不动容的。"它们的吸引力不在于语言的华丽，而在于他所引起的共鸣，他用最幽默的语言、最真实的道理让一颗颗迷茫的心找到了依托。"一位同学在他的博客里这样写道。

他这样说着，也这样做着。

邬名扬

名利本是身外物　一心只教圣贤书

文/太　霞

邬名扬，教授，1938 年 6 月出生，毕业于中国人民大学。曾任中国政法大学经济研究中心主任，北京市经济学总会理事。中国政法大学教授、硕士生导师。专业方向为政治经济学、经济思想史、宏观经济学。主编有《社会主义初级阶段理论经济学》《市场营销信息学教程》《当代西方经济思潮评介》等十几部著作，发表论文四十余篇。于 2002 年当选为第一届"最受本科生欢迎的十位老师"。

给法大同学的一封信

那是在 2003 年，"非典"肆虐全国。整个中国笼罩在一片灾难的阴影之中，到处都弥漫着令人窒息的恐惧。"非典"，像瘟疫一样蔓延着，到处人心惶惶。

地处北京的中国政法大学当然也不能幸免。当"非典"的形势一天天严峻的时候，死亡数字每天变换着狰狞的面孔出现在广大师生的面前。"刚开始的时候大家确实都乱了阵脚。"法大 2002 级校友、时为法大商学院学生的小张说。4 月份的时候，学校对外封闭；5 月，法大出现了第一起疑似病例。恐慌弥漫着校园。

就在这个时候，已经退休的邬名扬老师给法大同学们写了一封信。信的内容是这样的：

中国政法大学昌平校区全体同学：

你们好！我是邬名扬，是我校今年刚刚退休的一名普通教师，值此全民抗击"非典"的非常时刻，我对大学生能听从学校及各级领导的要求，安心留京留校学习与生活，表示由衷的敬佩。特写此信寄上我的慰问之情。

"非典"肆虐，对国家民族乃至世人是一场横祸。面对这场意外灾难，你们表现得如此从容、自重、冷静，而你们又是如此年轻，叫我怎能不深深感佩。我是过来人，我凭自己的经历知道，中华民族是一个多灾多难的民族。我更知道，抗击灾难，是一种宝贵的人生阅历与财富。作为一名普通人，我一生没有什么辉煌业绩，但回首往事，每一次劫难我总能和生我养我的祖国人民忧患与共，为此我活得非常充实和安心。我高兴，此刻我的心和你们是相通的。

虽说"非典"目前尚未得到有效控制，但这场灾祸终究是暂时的。人生的每一天，我们都应该过得十分快乐、充实和有意义。为此，我希望大家能真正静下心来，抓住眼前时光多读点书，为未来多做些知识积淀。此外，作为从事社会科学学习与研究的大学生，我希望你们多关心眼前抗击"非典"的方方面面，从中吸收鲜活的智慧与教训。我特别看重的是，权力的行使，要多一些人文精神和科学态度。你们是新世纪的主人，愿你们青出于蓝。

最后，我想嘱咐大家，从容冷静应对还须谨慎小心。特别是日前尚未能真正地控制住"非典"蔓延。你们的父母、亲友日夜牵挂着你们。你们要深居简出，要科学务实。愿我们大家都珍重万千、健康平安。

呈上我的深情祝福。

小张当时正上大一，从小到大从未经历过这样的场面，内心的紧张和惶恐自然不言而喻。"当时大家都失去了方向，学校不集中上课了，这么多人被封闭在学校里，当然慌乱了。"

就记者能采访到的当年在校的学生中，大部分都说他们当时读到了邬名扬老师的这封信，有些则是当时没有看到，"非典"结束以后从同学口中得知的。"有这样的老师和我们肩并肩地对抗着这场没有硝烟的战争，大家还害怕什么呢？我们的心是滚烫的，我们的头脑是清醒的，并没有被一时的假象所迷惑，我们坚强地走过了那段永远难忘的日子"，小张激动地说。

那个时候，邬名扬老师已经退休了，然而他依然挂念着同学们，担心同学们在这样巨大的灾难面前惊慌失措，无心学习。在抗击"非典"的日子里，邬老师这一份真情，伴随着同学们勇敢地走过每一天。

严谨治学，作育英才

邬名扬老师的学生、现任商学院副院长马丽娜教授直到今天依然能够清楚地回忆起邬老师当年给他们讲授《资本论》和《宏观经济学》的情景。邬老师对《资本论》有透彻的理解，他以娴熟流畅、内涵丰富的语言，联系中国的实际情况来阐释枯燥的理论，同学们总是能够很好地吸收与理解知识。

"当年邬老师在讲授'政治经济学'时，教室里座无虚席，总能博得满堂喝彩"，马教授回忆说，"邬老师的人格魅力和他精湛的语言表达能力，让他总能够把复杂的问题讲清楚讲透彻，大家上他的课总是感觉到很轻松。"

"深度、思想、敏捷"，这是对邬老师课堂的最好诠释。对于教学，邬老师一直孜孜不倦地追求着一个目标——"雅俗共赏"。雅——对讲述的问题要努力做到自身确有真知灼见；俗——通俗，力求以最简明生动的语言让普通人理解深奥的理论。邬老师一直都是以严格的标准要求自己，在学问上半点都不马虎。"做学问加法乘法固然不可缺少，但是关键还是用好减法及除法。"加法，就是一个把书读厚的过程，减法与除法就是在理解的基础上加上自己的观点和主张，形成自己的知识系统。理论知识只有彻底理解才会变得通俗易懂，这就要求在学习的过程中破除各种假象，理解其精华和本质。而学习的意义就是在于运用，在实践中进一步体察事理的奥妙。

学过政治经济学的人一定会感慨这门学科的枯燥与抽象，但是听过邬老师课的同学会更加惊讶他能够把如此枯燥的课讲得如此生动和具体，邬老师在教学中一直贯彻一种理念——深钻，必能学以致用，终将其乐无穷。马丽娜教授对当时情景仍然记忆犹新，"在讲课的过程中，邬老师的提问特别有启发性，他会让你从不同的角度去思考问题，开阔自己的视野"。

邬老师总是不断买书，用书籍不断地丰富自己的头脑，在老一辈教师当中邬老师的藏书量是马丽娜见过最多的。阅读对于他来说就是生活中不可或缺的一部分。他总是认真地做批注，随时做记录，写下阅读时的感想和自己的思考。当你翻开邬老师的书时，你能看到密密麻麻不同颜色的批注。对待人生，他像对待书籍一样。人生就像是一部书，他喜欢在上面勾勾画画，圈圈点点，不断地标注，不断地修正，直至这本书一点点变得厚重、丰富。

学习和研究始终伴随着邬老师的教学生涯。他总是希望自己能够把问题搞明白，搞透彻，增加自己教学的底气，并在课堂上将自己的研究成果和同学们分享，而没有更多地考虑发表文章。

在法大，邬老师倾注了自己的心血，播下一颗颗希望的种子。"如果还有来世，我还会选择教师这个职业。作为一名教师，我无怨无悔。"严谨地治学，认真地教书，邬老师一直坚守着自己的信念。

淡泊名利，笑看人生

"邬老师很淡泊名利，总是把自己头上的光环看得很淡，从不为名利所累。"马丽娜教授这样评价邬老师。

对于科研，邬老师从不保留，他总是愿意和学生们分享自己的研究成果，让同学们能够更好地掌握知识。"我的科研并不是为了发表，而是为了自己真正能够弄明白问题，有底气教学。"对于青年教师，他总是热心地给予指导。当年的政治研究所就是邬老师带领一批年轻教师创立的。在最初的几年里，邬老师和青年教师们讨论最新的研究成果，一起做研究。这对于青年教师、年轻学者而言，无疑是踏入教学研究之门的第一课。

如今退休在家的邬老师，选择的是一种平淡安宁的生活。没有纷繁世界的干扰，没有名利的牵绊，简单而又清闲地安度着晚年生活。

在邬老师看来，名利本是身外之物，只会成为人生的牵绊。人生的路应当坦荡荡地走，走得潇洒，走得有意义、有价值。面对人生风雨，他选择的是笑看人生百态，在挫折中挺进，从失败中爬起。

教书育人，教的是知识，育的更是心灵。邬老师淡泊名利、笑看人生的态度，潜移默化地影响着他的学生们。而他的认真和严谨，他的正直和淡泊，更是润泽着一代代学子的心灵。

杨 帆

直到汪洋大海

文/罗雨荔　周　浏　刘世泉

杨帆，中国政法大学国际法学院副教授，法学博士。1993 年中国政法大学国际经济法系硕士毕业，1996 年毕业留校任教。凭着兢兢业业的工作态度，条理清晰的课堂讲授，以及对学生平易近人的态度，深受学生喜爱，于 2011 年、2013 年分别当选为第四届、第五届"最受本科生欢迎的十位老师"。

如今的我们，似乎从小都受着这样的教育：要有目的性地去规划自己的人生、要认真严肃地去斟酌自己在每一个岔路口的选择，这样才能找到热爱的岗位、求得自己想要的成功。

殊不知，这世上还有一种不安排、不强求、随遇而安的旅途。旅途中的人儿，则在不恢宏、不壮丽的故事里，安然平和地拥抱着汪洋大海。比如杨帆。

顺水而扬帆

杨帆回忆起自己的经历时一直在笑，温柔的表情把语气里的随意衬托得更深。

"填法大的时候，感觉好像法律这东西，有那么点正义神圣的范儿，就填了呗。为什么选择国际经济法？我可没有抱着什么对国际法的崇高认识，就看着国际经济法系的分最高。分高总得填填吧？然后，就上了。"

被同学们亲切地称为"国经女神""三国女帝"的她，并不曾觉得自己对所研究的学科有着多么夸张的深情，也不曾刻意强调其重要性。"学了这么多年了，总还是喜欢的呀。"颇不经心地，她调侃道：要是当初一不小心被民法系录取，她大抵也会以同样的热情投入对民法的学习中去。这般举重若轻的表述，听了竟让人生出一种错觉，似乎不是杨帆选择了"三国法"，而是"三国法"自己跑到了她的生命里。随性的她，只是以最温柔的姿态去拥抱了命运的馈赠，顺水推舟地漂流向前。

顺着命运来到法大，顺着命运学了国际经济法，走到第一个岔路口时，杨帆成了中国政法大学国际经济法系的第三届硕士毕业生。在她毕业时的 1996 年，20 世纪末的中国，一股知识分子下海的浪潮正翻得汹涌。那时在青年毕业生们的眼中，留校任教当然不是什么好的选择。"收入低""没出息"——这样的固有观念下，毕业生们都迫不及待地走出校门，渴望着能够成为新世纪的弄潮儿。而杨帆之前的两届国际经济法师兄师姐，竟无一人选择留校。

在这样的背景下，王传丽老师找到杨帆，劝说她能选择留校，认为她"很适合当老师"。之前并无此打算的杨帆竟因为老师一句"留校你就不用再找工作"而动了心，将还没怎么开始制作的简历弃置一旁，欣然走上了"不用坐班"的教学岗位。杨帆笑说，她便是受了王传丽老师"诱骗"的"无知少女"，懵懵懂懂地便当起了老师。所幸，她还是一如既往地接受着生活给她的安排，不曾好高骛远，用全身心投入的"敬业"来将老师这一重身份演绎出自己力所能及的最好。

工作中的杨帆不求名利，游刃有余。用她自己的话说，老师们作为"供给侧"，当然要按照同学们这一"需求侧"的期许来完善自己的教学工作，对本科法学生，多启发、多讲授各种不同的理论知识；对司考的辅导，则快刀斩乱麻，将复杂的知识简单化，让同学们听完，就能做题、会做题，能够更好地应对这"天下第一考"。在此之外，杨帆还对自己有一个基本要求：要对得起她所干的每一份工作，也对得起教师——特别是法学教师——这个称谓。每一个问题，她在讲出来之前，自己首先要弄清楚；弄不清楚就去问比她更专业的人，查更专业的资料。"我自己都没有搞清楚的问题，我会心虚得不敢讲，所以这些年我做得比教学科研更多的事是学习，有目的地学习。"

这种兢兢业业的工作态度，不仅仅是单纯地出自作为"老师"的责任，更是因为自己对学生的爱护。杨帆认为，她的每一个学生，不管是自己的硕士生，还是授过课的本科生，都有很可爱的特质。她不会去比较谁更优秀再选择指导谁，在她眼里，所有的学生都很优秀，只是优秀的方面不同，作为老师如果能因势利导地帮其扬长避短，她就会觉得很有成就感。

凭着条理清晰的课堂讲授，以及在学生们面前的平易近人，杨帆两度获得"最受本科生欢迎的十位老师"称号；微博上，那些不曾有机会走进杨帆课堂的应考同学，则用一句句"女神录音陪我过七夕""司考三国首推女帝杨帆"来表达着他们对杨帆的喜爱。付出过，就有回报；用心了，学生们便能感知。对顺水行船的她来说，这一切，大概不过水到而渠成。

似水般温柔

一方水土养一方人，也许寻根溯源是了解一个人的最好方式。

成都，坐卧在中原大地的一方广阔平原，那里独有的平和、从容的气息一点一滴地渗入杨帆的骨子里。而命运也埋下伏笔，童年的杨帆在此开始了她的人生旅途。

小时候由于身体不好，杨帆养成了文静的性格。上初中的时候，杨帆的爸爸给她办了一张四川省图书馆的借书证，每个周日的下午她基本上都是在那个老旧但充满书香的图书馆度过。杨帆淡淡地回忆："现在闭上眼睛，我都能想起下午太阳光射进图书馆的样子，很令人怀念。"

虽然这样，也并不意味着杨帆的童年只与书为伴，她并不缺少孩提时应有的天真与嬉戏。杨帆的不少亲戚在西藏，暑假的时候她常常坐车去西藏、云南等地，徜徉于名山大川之间。就这般，杨帆的一路，始终安然，也始终优雅。

师从杨帆的国际法学院 2015 级研究生丰硕说，在她眼里，老师是一个工作与生活兼顾的人。在教学中，老师的认真负责自不待言；在生活中，老师更是个充满情趣的人。无论是家庭生活，还是个人生活，都被她安置于恰到好处的位置上。

如其所言，工作之外的杨帆有着属于自己的生活方式。这个在课堂上精简干练地剖析案例的"女强人"，在家又是摆弄着各种厨具，早起为儿子磨五谷豆浆的好妈妈。无论是拿起粉笔走上讲台，还是围上围裙走进厨房，她都是那样美丽。父母小儿、美国短毛猫与旅行。单是将这些杨帆生活里的关键词不加修饰地列举出来，那份和乐安逸的劲头便已然扑面而来。

关注她微博的人，大都曾从她偶然拍摄的生活画面里读出几分沾惹着烟火味的雅致。从年味十足的麻将桌，到墙角椅上安然酣睡打滚的猫儿，再到书房里绿植书桌的规整，随性的分享里带着微博主人的温润幸福。而家庭生活之外的杨帆还喜欢一个人旅行，写下自己的心得体会。在她眼中，有的地方适合热热闹闹地游玩，有的却还需一个人带着安谧的心境去细细感悟。

杨帆和学生们的亲切就更不用说。"他们什么都跟我聊，学习、生活，什么话题都有，找个男女朋友都会跟我讲。"说这话的时候，杨帆和丰硕默契地相视一笑，享受着这份师门和睦的快乐。喜欢到处走走玩玩的她还常常组织学生们一起出游，平时时间紧，便在北京附近玩一玩，放假了，还邀学生们到她的家乡同赏天府之国的好风光。看着朋友圈里师徒四人一起青城山问道、都江堰访水时的笑容，你便会知晓，这份师生间的深情，哪是三言两语能够说得清。即便是已经毕业的学生，也还会经常打电话给老师，报告律所工作的进展，甚至是商量新房的装修，在他们的眼里，杨帆不仅是一位导师，更像一位知心大姐姐。

杨帆还曾经邀请学生到她的家里做饭。她提前一个礼拜就问大家要菜谱，从原料到调料都自己一样一样地准备。等大家到杨帆家的楼层，刚下电梯，那浓浓的肉香就扑鼻而来了。"敲敲老师家的门，她穿着红色的小围裙，探出脑袋招呼我们快进去。我们这才知道她已经自己给我们准备了好多菜了。"那天，他们在杨帆家的厨房里一顿倒腾，七手八脚端出了各自的"拿手好菜"，吃饱喝足后，又盘腿而坐，聚在一起斗地主。玩得尽兴的杨帆还直言不讳地质疑学生的牌技，俨然一副小女孩的可爱模样。打牌打累了，她就坐在沙发上，大家有的坐她旁边，有的坐地毯上，有的乱溜达，一起聊天聊到很晚，都舍不得走。

"出去玩的时候，老师走起路来丝毫不输我们年轻人。她还很爱美食，和她一起，我们总是吃得超级开心。"

和许多老师一样，长期身处校园，长期和最活泼的大学生们在一起，杨帆始终觉得自己身心都还保持着年轻时的活力。她说："刚留校的时候，王传丽老师给我说，你长得显小，以后要少笑，才能'像个老师的样子'。"可是，说着说着，杨帆又笑了起来，似乎这么多年，她也没能做到所谓"老师的样子"，只是和同学们一起相伴着，一路走过。

静水处流深

亲切、包容，从容地接受生活的样貌，这是杨帆随和性格的投射。但同时，作为一位大学老师、作为一名法律人，对生活温柔相待的她也依旧用理性的、冷静的眼光看着身边诸事，对周遭的世界有着属于自己的独到认识。

在法大，无论学生还是老师，大都习惯于将"蹭课"视作值得褒扬的事情。对此，杨帆却觉得不然。她有着自己的一份担心：怕法大的学子被这样的氛围惯得太娇。法律是逻辑的、理性的，学生们在学习过程中也向往着更条理清晰的课堂，这一点，杨帆深知。可同时她更明白，这个世界上还有许多时候并不那么逻辑、并不那么理性，而你，只能选择接纳而无权挑剔。这些学生里，很多将成为未来的法律工作者。在走入工作岗位之后，他们无法去要求所面对的当事人都以"适合自己"的方式讲述，他们无权再去对这个世界挑剔。一次次赋予学生们挑选老师的权利，导致的是学生们一点点丧失着对周遭的尊重，一点点丧失着静心倾听他人话语的心性。

她还希望法大的学子们能够沉下心来，多读书、用心读书。会读书反映出的是一个人心的宁静。在读的过程中去体会作者的观点、去体会作者一步步推演的过程，是比追问从书中得到了什么更为重要的事情。相比知识的学习，杨帆更期待同学们能够放下浮躁、学会思考，在本科的学习过程中更好地构建起自己的法学思维——学什么不重要，而是要从过程中有所收获。

这样的理念，也渗透到了她的课堂中。看似随和的课堂氛围下，杨帆尽着最大的努力向同学们展示着思考的重要性，引导同学们在读记法条、原理之余，更要追问其背后的原因、效果、制度价值。研讨课上的她，这位"怒点"很高的老师，面对同学们做展示时候的"跑偏"，微笑温柔依旧；可对不用心、敷衍、连蒙带猜的行为，她则会报之以严肃。

杨帆的温柔里并非没有棱角的绵软，而是得见纷繁杂乱，耐心梳之理之的春风化雨。她对学生们的不足循循善诱，想要给他们以潜移默化的影响。做着这一切的她，井井有条而落落大方。

工作中的干练认真、家庭中的贤惠体贴、生活中的从容不迫，杨帆所呈现给我们的，恰是一种近乎完美无瑕的生活状态。其实，完美的并非生活本身，而是杨帆看待生活的从容心态，她的游刃有余的学习经历的累积、知识的累积、生活阅历的累积，也来自于不要太苛求自己去追寻别人眼中的所谓"成功"。

她就像是一汪泉水，透明、坦荡，安静之中暗藏的深意和智慧，需要长久地细细品味和思考。杨帆说过："我喜欢看别人的故事，但不希望成为故事中的人。"要在生活中成为一个"置身事外"的"旁观者"，却也不是那么简单。人世不一定美、人言也不一定善，要学会处变不惊、平静淡泊，绝不是一朝一夕之事。人生如海，杨帆就像一条"没有故事"的鱼，灵活地摆动身体，自由自在，自得其乐。

温和也好，随性也罢，杨帆只是以水一样的柔情，对这世界温柔以待。不苛求，不挑剔，她如山涧里奔腾而下的溪流，依山势而回转，遇奇石而分流，却一路歌声清亮，包容过一路的崎岖，直到汪洋大海。

于　冲

离学生最近的老师

文/李　叶

于冲，中国政法大学刑事司法学院副教授，硕士生导师，法学博士，2014 年进入中国政法大学任教。主要研究方向为刑法学、网络犯罪。于冲老师是一位年轻的法大教师，其在学术上潜心钻研、勇攀高峰，教学上更是将全部心血灌注于自己的每一位学生。其在 2015 年、2017 年、2019 年分别当选第六届、第七届、第八届"最受本科生欢迎的十位老师"。

在第六届"最受本科生欢迎的十位老师"评选活动中，一位新人脱颖而出。这位 2014 年才刚入职的老师，作为"离学生最近的老师"，在刚进学校时便被同学们亲切地称为法大教师的"颜值担当"。然而，除了拥有高颜值，只要上过他刑法课的同学，都会折服于他严谨负责的教学态度、深入浅出的授课风格；只要是他所带班级的学生，均对他热情待人、用心做事的"班主任姿态"拍手称赞。这位年轻的法大教师，就是于冲，他不仅在学术上潜心钻研、勇攀高峰，更是将全部心血灌注于自己的每一位学生。

相信钻研的力量

作为法大 2014 年毕业的博士生，于冲虽年纪轻轻，但成果颇丰。他的主要研究方向是刑法学、网络犯罪。目前为止，他已经在《法学》《法学论坛》、*City University of Hong Kong Law Review* 等境内外刊物上独立发表学术论文 40 余篇，出版专著 2 部，主编译著 1 部，参编教材、著作 3 部；主持民政部等省部级以上项目 3 项，参与教育部哲学社会科学重大课题攻关项目、国家科技支撑计划项目、国家社科基金项目等省部级以上项目 10 余项，先后担任"国家级大学生创新创业训练计划""北京市大学生科学研究与创业行动计划"项目指导教师；曾获第二届"全国刑法学优秀博士学位论文奖（2012~2014）"二等奖、中国政法大学毕业生实习优秀指导教师等奖励。

当记者问及何以能创造博士期间硕果累累的"奇迹"时，于冲坦言，"其实我写论文也很痛苦，也会想偷懒，古人说'头悬梁锥刺股'，我每次写论文都要挠头皮"。他告诉记者，其实自己一开始也并不知道如何才能写好一篇论文，研一时一度非常迷茫，"我非常幸运地遇到了我的恩师，在他的学术熏陶和指引下，我一步步开始走向学术的道路。"

在于冲看来，论文写作一般都包含论文选题、文献搜集、文献梳理和论文定型几个阶段。论文的选题很关键，它直接影响到一篇文章的写作质量。他指出："论文选题要具有问题意识和国情意识。问题意识就是要善于发现身边的法律问题，比如身边的一些法治事件、法律热点问题都可以成为论文选题，既能结合司法实践，又能保证选题的新颖和创新；国情意识就是在选题时要避免'拆迁式'的研究，一定要想清楚这个问题是否适合我国的民情、国情、法情，是否可以与我国的法律体系相融合。"在确定选题之后，写作的过程往往很枯燥。文献的搜集也许并不难，难就难在从浩瀚的材料中寻找自己的思路，有效地对文献材料进行梳理、整合。于冲说："文献梳理确实是一件很头疼的事情，但是必须对自己狠一点，要强迫自己养成一鼓作气、咬牙坚持的写作习惯。往往就在论文出现'难产'征兆，感觉走投无路时，咬咬牙坚持度过那段黎明前的黑暗时光，你会突然间发现'众里寻他千百度，蓦然回首，那人却在，灯火阑珊处'。"

他至今还清晰地记得当看到自己第一篇论文发表在《北京化工大学学报（社会科学版）》的时候，自己足足抱着期刊开心了一天，"这不仅是因为我赚到了人生中的第一桶金，更多的是因为我看到自己的成果终于诞生了，那种心底里的幸福感是只可意会不可言传的。"

讲课，好像还能上瘾

回想起自己博士毕业那年第一次试讲，于冲笑道："第一次试讲内心其实很紧张，但还是硬着头皮讲了下去。那时的我就感觉到，讲课，好像还能上瘾。因为你讲完之后，就会期待着什么时候还能再讲一次，希望自己下一次表现得更好。"

如今，于冲已经给本科生开设了"刑法总论""刑法分论""刑事法律诊所""网络犯罪概论"，并给研一法学实验班的同学开设了"刑法专题"等课程。多年的积累，也让他对于教学有了更深的理解。"对于高校教师而言，教学和科研是两项最基本的任务。俗话说'教学相长'，'教'就是教学，'学'就是科研。一名教师教学的好坏由学生来评价，而学习能力与知识储备则需要通过科研来考核。教学与科研同等重要，缺一不可，决不可因为其一而放弃其二。"并且，于冲非常享受这种讲课的感觉。"教书是一件很幸福的事情，每一次讲课都能发现自己的不足，有学生愿意陪伴你一起成长，感觉一点也不孤独。"在他看来，"教师是水，学生是鱼，水好鱼就长得好，鱼好就说明水也不错。这种教师与学生之间的相互促进与感动，也是另一层意义上的'教学相长'"。

在记者采访的过程中，于冲特别不好意思地说道，对于自己上学期"刑法总论"和这学期"刑法分论"课程班的学生，总是觉得"心里对他们有所亏欠，感觉挺对不住他们的"。他谈到，曾经在开课一段时间后给学生做了一次教学情况问卷调查，"看着大家对我的肯定和鼓励，我真的特别感动，其中有个学生跟我说，于老师其实你讲课有点快、普通话也不太标准，但我们就是喜欢你的认真负责，我们愿意给你机会，你要加油！看到这句话的时候，我的眼睛是湿润的，我真的庆幸能够在法大工作，有这么一群可爱的同学，我没有理由不好好努力！"

正是带着这种"歉意"与感动，于冲全身心都投入对学生的培养中，"手机上保证二十四小时为他们服务"。刑事司法学院 2013 级 6 班的王淼感叹："于老师在教我们'刑法分论'时就可以看出来他特别用心，做什么事情都很认真，充满热情。为了让我们能更透彻地理解刑法中的一些罪名，他常常用一些有趣味的事例来填充课堂内容，深入浅出，也会延伸概念原理，帮助我们消化吸收。而与其他老师不一样的是，他给我们班的同学单独建立了一个微信群，不管我们在群里提出什么样的问题，于老师每天都能做到'秒回'。并且，他还时常在群里公布一些选课信息，共享相关的学习资料，这在我上大学之前是根本没想到的，因为我总觉得大学老师可能不会和学生们走得那么近。"

老师，就是一个良心活

在法大，于冲不仅需要承担教课的任务，更是成了刑事司法学院 2014 级 7 班的班主任。作为这个 43 人小集体中的领航人，于冲凭借自己"离学生最近"的优势，努力站在学生的角度为他们着想，尽自己所能为学生创造更多样化的学习和生活环境。

在于冲看来，大一的新生一定不能仅仅单纯地体验大学生活，一定要从一开始就进行良好的规划，该抓学习一定要抓，"因为越往后拖越容易迷失方向"。在这一年中，他不仅通过"师兄师姐见面会"的方式，邀请大三大四的师兄师姐介绍学习经验、社团经历，帮助本班学生进行学习与生活的规划指导，还创造性地开展了"模拟法庭班会"，让大一新生提前拥有对刑事法律的真实感受，培养学生参与模拟法庭的兴趣；他不仅同国际教育学院开展合作，通过"中外学生手拉手"的形式，为大一新生提供与韩国、俄罗斯、哈萨克斯坦、蒙古国等国留学生进行交流学习的机会，还帮助本班学生积极参与到"北京市大学生科学研究与创业行为计划"等项目中来，锻炼学生科研、创业等多方面能力。

刑事司法学院 2014 级 7 班学生邢怀予告诉记者："我们上大学这年也是于老师教书的第一年，对于我们都是新的开始。我们喜欢于老师并不仅仅因为他颜值高，学术能力强，而是因为我们能体会到他对我们的用心。不管是平时的学习还是生活，遇到任何困难，我们第一个肯定想到于老师。"

而作为于冲担任班主任班级的副班长，邢怀予还是这届学生中唯一一位参与国家级大学生创新项目的大一新生。她说："其实之前我只是对参加大学生创新项目比较感兴趣，后来我跟于老师说了我的想法，于老师就非常热心地把我介绍到了现在这个项目组中。尽管我在组里目前只是发发问卷，做一些数据统计工作，但是通过参与其中，我对项目的申报、实施都有了更加全方位的切身体验，明年我肯定还会再自己申报项目的！"

虽然于冲教学、班主任双肩挑，几乎所有的时间都被学生占满，但他非常享受这种快乐的忙碌。而对于第一年任职就被评为"最受本科生欢迎的十位老师"，他更多的则是感到惭愧和感动，"感觉跟其他老师相比自己真的还差很远，做得还很不足"。当记者问他为什么能够在这么短的时间内获得法大同学们的喜爱时，于冲腼腆地笑道："也许是因为自己拿一颗真心对待学生，学生同样拿一颗真心待我吧。我付出了一份爱，收获的却是成百上千位同学的爱，得到的永远比付出多，真的非常感谢所有的同学。"

于 飞

谦和无华　魅力飞扬

文/凤宇骄　戴家洛　郝　喜

于飞，中国政法大学民商经济法学院教授，中国社会科学院民商法博士，从事民商法专业的教学和研究。其学识渊博、专业精深，主讲民法，授课风格如行云流水，深受学员爱戴。凭借扎实的功底和细致的讲述，在法大拥有超高人气与口碑，于2006年、2008年连续当选为第二届、第三届"最受本科生欢迎的十位老师"。

"这些问题，都可以用一个物权变动模式来解决——'合同+公示方法=物权变动'。"洪亮的声音、精练的词句掷地有声。在这个教室里，讲台上是一名个子不高、留着小平头的年轻教师；讲台下，则是这样一幅"景观"：搬凳子和站立着的同学密密麻麻，充斥在每个角落，只恨教室里的空间无法物尽其用，否则定要人叠着人来听课。有这种景象摆在眼前，无须赘言，凡法大学生，必知是于飞老师的课。

有魔力的课堂

2005至2006学年，他第一次站到了法大的讲台上，第一次给法大的学子讲授"债与合同法"。第一节课，抱着听听看心态的同学稀稀疏疏地坐进了教室；第二节课，更多的同学慕名来到了他的课堂；第三节课，教室基本被坐得满满当当。一学期过后他的"民法学原理

（一）"，课堂占座已发展到一个高峰，竟有同学用纸贴在教室地面上来占地儿。又一学期过后，在继续保持课堂爆满的同时，他以极高的票数当选了法大第二届"最受本科生欢迎的十位老师"。

听起来像是街头小报记载的传奇经历，也像为人称道的某些知名人士走向成功的历程，但这的确就发生在我们身边。在吸引了越来越多同学的同时，教学在于飞那里，似乎已经从一种简单的任务变成了一种散发着魔力的精彩演绎。当一批又一批的学生涌向于飞的课堂，几乎每个没有听过他课的人都要问一句："于飞老师怎么会有这么大的吸引力？"

其实，于飞用以出奇制胜的，不过是扎实的功底和细致的讲授，他在法大所获的超高人气与口碑，其实全无秘诀。

"学识渊博、专业精深，授课行云流水，深受学生爱戴，主讲民法。"这是一个网站对于飞的介绍，恰如其分。每一位优秀的老师都有自己的授课方式，或以诙谐取胜，或以博学著称。而于飞老师既不专擅于旁征博引，也不见长于幽默风趣，亦非标新立异，语出惊人。他的风格很简单，就是从容温和，就是课件细致全面，就是板书条理清晰。对于大多数学生来说，民法本来就是一门很难的课程，如果老师再不深入浅出，那入门都将成为一个问题。于飞课堂上的魔力就在于他可以在讲课的过程中将这个庞大学科体系中的概念一一理顺，提炼出一些规律性的东西，继而让同学们融会贯通。用他自己的话来说，在他的课堂上，不仅希望把民法知识传授给同学们，还希望能够引领同学们进行一种感悟式的深层思考。

学术上，于飞循循善诱地引领同学们走向宏伟的民法殿堂；而讲台下，他的亲和力也毋庸置疑——"仿佛永远都不忘带着谦和的微笑"，这是同学们对于飞老师最深刻的印象。"讲课时语调沉稳而带有感情，与同学交谈时又很温柔。"一些女生亲切地把于飞老师称为"叮当"，说他像动画片里的机器猫一样可爱。私下里，同学们还想象过于飞老师学生时代的样子，还是那种憨憨的感觉，理着老老实实一如既往的平头，勤勤恳恳地趴在书堆里，不时若有所思地推推眼镜或深表赞同地点点头。如果哪个漫画家把这个形象画下来，真是可爱异常。亲和力拉近了师生的距离，于飞老师的课堂也就更添了一份温和的吸引力。

曾有一位同学兴奋地说："那天听于飞老师讲'为权利而斗争'，把我感动得眼眶湿润。"于飞老师的课堂上最珍贵、最难得的也就是这一点，他的举手投足之间、字句话语之间，能让人感觉到一种对于民法深深的挚爱。他一心将这种爱传承下去，并不自觉地感染了讲台下仰头听课的人。也正是由于于飞老师的这种民法情结，才让如此多的同学流连于他的课堂之上。

"一名老师能得到那么多学生的认可和喜爱，内心所有的，除谦卑的感恩外，更多的就是神圣的责任感了。"这也是于飞老师教学事业强有力的动力。

细致的教学方法，谦和的处世态度，深厚的学术情结，神圣的责任感，这就是对于飞老师"有魔力的课堂"的解读。而这些，皆是缘于他的——

厚积薄发，天道酬勤

于飞的父亲是大学数学教师，因此出生在河南商丘这个典型知识分子家庭的于飞，从小就受到家里良好氛围的熏陶。当同龄人还在大街大院尽情嬉戏时，作为家里独子的他就开始颤颤巍巍地爬上父母的书架，开始阅读各种书籍了。于飞老师自己曾戏言："这种阅读的后遗症之一呢，就是早早地戴上了眼镜。"这种广泛的阅读，给他带来了无尽的乐趣，同时也赋予了他丰富的知识和读书人特有的一份睿智。而父母善良真诚、从不与人斤斤计较的生活态度也对他此后的人生产生了很重要的影响。潜移默化间，这种完满自己、惠与他人的人生态度深深地印入了于飞的脑中。多年以后，在宗教研究中，老师细细体味了世界各派宗教共通的两大精神——宽容和感恩，更深化了对自己内心这种人生观的理解。而这种人生理解和态度也成了老师思想内核的精髓。此为后话。

从小学到高中，于飞的文科成绩一直优异，作文更是频频出彩。语文老师经常把他的文章作为范文让其他同学观摩。出于孩子天真自然的心理，中学时代的于飞便将他的兴趣与希望投诸能带给他骄傲和满足的文字。高考填报志愿时，他的第一专业志愿就是郑州大学新闻系。由于当时专业志愿必须填写两个，于是在一位亲戚不经意间的建议下，老师把经济法作为了自己的第二志愿（当时，郑州大学本科没有统一的法学，而是单设经济法、民商法等系并分别招生）。当时的于飞想法很单纯："又学经济，又学法律，挺好。"没想到后来因为新闻系的录取分数太高，他被调剂到了经济法系，真真正正、误打误撞地走进了法学，走进了这个事后酷爱的学科。

作为一个从小优秀的好学生，于飞即使是没有进入自己原本选定的专业，也依然勤勤恳恳地学习，但对于这个当初以为可以"又学经济又学法律"的学科却始终没有太大的兴趣。

于飞与民法之缘，始于1997年的一天，他偶然在一位老师的家里看到了张俊浩主编的《民法学原理》。那是1990年的版本，市面上已经很难买到。当时他就很兴奋地借了这本书，在往后的日子里，勤加钻研。"那本书我潜心看了三遍。读第一遍是最痛苦的，艰深的文字、抽象的学理解说，让我找不到感觉。"

于飞是这样回忆他与民法的初次接触的，"凭着一以贯之的做事信念，读第二遍时条理渐渐明晰起来，感觉有了。读第三遍时便比较快速流畅了"。也就是这三遍之后，民法这座金字塔，开始在于飞老师的心中构建起来。那本《民法学原理》，便是这座金字塔的坚实基底。

意思自治、平等自由这些民法理念第一次深深地植入了于飞的心中。惯于自由自在遨游于知识海洋、无拘无束畅想问题的他，一下子如同觅到了知音。内心深处追求自由与主动的呼声，竟在民法这片博大广阔的领域得到了回响。"在还书的时候，因为不断地翻看并铅笔涂擦，那本书比借时厚了三倍。"

对于这样一门艰深的学科，可以以这样的热情与毅力去自学——显然，于飞对民法的挚爱，从那时就已埋下了种子，以至于如今这份挚爱能渗透于课堂上的点点滴滴，以至于他能将民法定义为自己可以献出毕生精力的事业。可以说，与这本《民法学原理》的邂逅，改变了于飞老师以后的人生之路。

在几年的苦读之后，于飞老师以第一名的成绩被保送为郑州大学的民法学硕士研究生。

然而，此时的于飞，心中有一个更高的目标正在稳稳地扎根，无人可以撼动。在即将到来的硕士研究生的三年里，他将为这个目标更多地耕耘，也将获得更大的回报，这就是——

苦觅知音，终成大器

这个目标缘于大四那年。当时正全身心地复习功课、准备考研的于飞，无意间又遇到了一本宝贵的书——梁慧星教授的《民法总论》。那本《民法总论》概念清晰严密，体系完整严谨，深深地吸引了于飞。其字里行间所流露出的博大和深邃更是震撼了他。当时，于飞已经以《民法学原理》为基础复习了半年多，渐入完备之境。考研在即，已不可能再去仔细梳理研习《民法总论》。谈及此事时，于飞遗憾中略带玩笑地说道："要是早点看到这本书的话，就是拼了命，我也要考梁老师的研究生。"自此，于飞一直把做梁慧星老师的学生作为自己的目标。因为在他看来，梁慧星无疑是他学术上的灯塔。

用那句国人熟悉的"有缘自会再见"来形容于飞和梁老师的相遇也许是最恰当不过了。2001 年，在准备报考博士生时，于飞毫不犹豫地选择了中国社会科学院法学研究所研究员梁慧星老师作为自己的"最高革命目标"。当时法学已相当热门，梁慧星又是学界泰斗，报考者竞争之激烈可想而知。说到此事时，于飞微笑的面容带着兴奋的光芒，"我没想过自己真的能考上，'最高革命目标'竟实现了"。自此，他的学术生涯里，又多了一盏指引的明灯。

学术是需要传承的。一代一代薪火相传才会有桃李满天下的动人故事永不间断。于飞作为一名教师孜孜不倦的追求和治学上的严谨自然是师承梁慧星教授了。

师从梁慧星的这三年，于飞在学术上受益良多。而在为人处世的方式上，他受到的感染更不可忽视。"可以这样说，梁老是一个很清流的人。"于飞如是说，"他总是以一种不为利益驱使、不为形势所迫的立场和态度去做学术研究，从不附会"。正如物权法草案拟定时，梁慧星不顾很多学者的疑虑，提出私人所有权应当与国家所有权平等的观念。

孙宪忠教授说过："发现真理是科学家的任务，而如何使真理被人们接受则是政治家的任务。"一位科学家，如果在思想上有了偏颇，那么研究出的结果也必然或多或少丧失了客观性。梁慧星所持的这种不为名利的治学为人的态度，给于飞的教学生涯和治学态度以极大的影响。

三年博士已然读完，于飞收获的依然是优异的成绩和荣誉。2002年，于飞获得中国社会科学院研究生院优秀研究生称号。2003年又获得中国社会科学院研究生院优秀博士研究生称号，同时发表和翻译了数篇论文，可谓在博士三年中硕果累累。带着这样的学历与学术成果的光环，于飞老师怀着一份淡定与坦然，毅然选择了——

耕耘杏坛，投身学术

皓首白须，手持一册书卷；纵横论道，身在三尺讲台。不为名所动，不为利所驱——此学者也，大师也。在这个繁忙社会的繁忙都市里，这些几乎已被淹没在一片喧嚣中。然而在于飞——这位年轻的教师身上，我们又看到了这种不在乎名利，只是为学而学，为教而教的淡定与闲适。

于飞始终觉得，很难有人把教师和律师这两个职业同时做到最好，律师的实务工作必然花费大量时间，并使自己的研究立场有所偏向，此时便很难做到一个教师应有的"传道授业解惑"。所以当时已拿到律师资格证的他，最终还是选择了三尺讲台一寸粉笔，决定在教书育人的同时潜心治学。

对于法大，于飞说，自己一直比较向往。当初考研的目标就是法大，后因保研未能实现。现在，以一名教师的身份走进法大，亦算是对自己的一个交代。

虽说"有魔力的课堂"背后毫无秘诀，但在从讲台下走到讲台上的过程中，于飞老师其实付出了很多。初来学校行政坐班时，他就向许多老教师请教教学经验。后来在备课时，他也总是将自己设想为一个对所要讲的内容一无所知的学生，根据学生的特点和知识积累，安排好讲授顺序和层次，注意详略的安排，注明在哪里需设例多讲，然后采用最容易为学生接受的方式来讲授。他还将追求系统化的读书方法充分发展，应用到教学实践中，形成了系统化教学的模式。他把自己的教学思路比喻为一张地图，学科知识在学生心目中的系统化则是目的地；备课时认真选择"行走线路"，开始游刃有余地课堂发挥。得益于平时严谨周密的思维方式，于飞始终对自己所走的每一步都有清晰的把握，并且不时地针对学生的反应或反映进行调整。认真周密的准备过程，无疑是他大受欢迎的教学方法的一个最好注解。

于飞一直坚信民法是一门实用科学，民法构建的任何一个制度在现实中都有作用，他的教学理念就是要把"法理论、法制度以及法实践"三者打通，做到学以致用。而作为一个学者，于飞的研究也在向着这方面努力，他表示以后还是会"研究一些对现实有益的法律制度"，会出国做一些考察，从比较法的角度来研究中国民法的立法以及适用。

能够与民法相遇相知，并且甘于为其奋斗十余载而乐此不疲，在讲台上耕耘不辍，传民法之道，应该都得益于于飞的一句座右铭，也是他在给同学们的寄语中必说的一句话——

人要有目的地活着

路是自己走出来的。每个人小时候都会有很多梦想，随着以后日渐成长，人生的目标应当越来越清晰。于飞曾在一次班会中对他的学生们说："如果把精力分散放在很多方面，即使你很聪明，也不会取得多大的成就。但如果你能依照自己的目标选择一个方向，那么你的精力与智慧足够在那个领域的空白处留下足迹。即使是小小的一步，你也已经获得了大大的成功。"这也正是于飞十几年来孜孜不倦的求学以及教学生涯中践行的最深感悟，"人生之路，贵在精纯"。

他说："每个人心中都有一颗原子弹，引爆它，世界会为之震撼。"就是在于飞平常的外表之下，蕴含着这样一颗有无穷能量的原子弹，引爆它的，正是"有目的地活着"和"完满自己，惠与他人"的生活态度。

于是，他一直恬静，却不平凡地，执一寸粉笔，耕耘于三尺讲台之上。

但我们，已为之震撼。

赵卯生

百态奇趣起课中，欢笑星火自燎原

文/施云帆　郭晓阳

　　赵卯生，中国政法大学马克思主义学院教授，法学博士，马克思主义原理研究所所长，硕士生导师。其主讲的思想政治理论课以精彩而极具魅力的课堂获得了法大学子的众多好评，并于2011年、2013年、2015年连续三届当选第四届、第五届、第六届的"最受本科生欢迎的十位老师"。

　　"在法大，不上赵卯生的马原，大学学习是不完整的。"这是学生们在校园BBS选课版的留言。在法大每个学期的选课中，赵卯生开设的"马克思主义基本原理概论"课程都炙手可热。"思想政治理论课原来也可以讲得这么精彩，这么富有魅力。"这是法大学子对赵老师授课效果的一致评价。同学们亲切地称赵老师为"卯生哥"。

　　赵卯生讲授的"马克思主义基本原理概论"被评为教育部思想政治理论课"精彩一课"，中央电视台《新闻联播》专题也报道过他的教学课堂。他曾以第一名的优异成绩获北京市高校思想政治理论课教学基本功大赛一等奖，还曾获得过北京高校党校"精彩一课"、中国政法大学首届"教学特别奖"等殊荣。由于长期坚守在高校思想政治理论课和马克思主义理论教育教学一线，并成绩斐然，赵卯生于2014年被北京市授予"高校德育先进"的荣誉称号。

　　曾于2001年在山西医科大学听过赵老师政治课的一名学生，参加工作后进入中国政法大学研究生院攻读 MBA 学位，2013 年与赵老师在法大研究生院不期而遇，竟然一眼就认出了赵老师，并准确地喊出名字。当谈及原因时，该生激动地说道，当时的课堂教学实在是太精彩了，可谓终身受益，毕生难忘。而完全由学生票选产生的"最受本科生欢迎的十位老师"是教师获得高校学子认可的绝佳证明，赵卯生则连续三届（2011 年、2013 年、2015 年）榜上有名。

建构真善美——为师治学之主线

来到大学校园真正应该学什么？这一直是萦绕在莘莘学子心头的重要问题。而赵卯生讲授"马克思主义基本原理概论"的目标之一，就是让青年大学生在学会独立思考的基础上，自觉追求真、善、美的统一。关于这三种朴实而美好的品质，他是这样阐释的：求真即拥知识，求善即学做人，求美即达境界。这就好似量变到质变的过程，或许像春雨润物细无声，但映阶碧草就是春之号角的最强音。

众所周知，"马克思主义基本原理概论"因其理论抽象、概念艰涩、政治性强而在众多课程中显得"曲高和寡"。然而，赵卯生的课堂却是别有洞天。"赵卯生的课在任何时候都能吸引很多学生，出勤率极高，而且大家上他的课都很开心，因为他的课堂上总是有许多鲜活的东西蕴藏其中。我当年上他的课时经常占不到座位！许多大四的同学还来回头听赵老师的课，希望能从中再学习到新的东西，以为即将到来的毕业多做些储备。"一位上过赵老师的课的同学如是说。"他授课厚积薄发，诙谐幽默，举例贴切生动；在欢声笑语中阐释人生意义与完美自我"是法大学子对赵老师授课的一致评价。

赵卯生身体力行地践履真善美，也在孜孜不倦地追求和播撒他的生活智慧和人生哲学。和赵卯生打过交道的人都会从他的生活细节中发现，他是一个能节约就绝不浪费的人。到外地讲课和参加学术交流的时候，他一定会带自己的洗漱用品而不使用旅店提供的一次性用品。"我不认为自己有多伟大，但作为一种生活原则必须坚持——能节约为什么要浪费？能更绿色为什么要相反？"努力实现人与自然和谐、人与人和谐、人与自我和谐是赵卯生心中的一种责任，也是他在课堂上一以贯之的教学内涵之一。

传播正能量——关爱学生身心茁壮成长

赵卯生提倡青年学子要努力实现自我、完善自我；同时他又倡导"给他人温暖就是给自己幸福"，在为他人服务、为社会贡献的过程中实现自我，完善自我。他在课堂上结合马克思主义哲学关于人的本质的理论，始终倡导人生价值评价的根本尺度，是看一个人的人生活动是否符合社会发展的客观规律，是否促进历史的进步，是否对社会和他人做出了贡献。谈到当今大学生在社会压力下变得消极迷茫的现状时，赵卯生提出了自己独特的解决办法。他认为大学生应该从另一个角度看社会。人生道路荆棘丛生，自己无法改变现状，长吁短叹只会于事无补，最好的方式就是让自己成为正能量的发光源，发现事物好的地方，感激自己拥有的一切，并让周围的人都被你的快乐感染，积少成多，幸福的星星之火，也会成燎原之势蔓延，最终整个社会也会因此充满向上的正能量。"希望我教的同学们，可以拥有一颗积极豁达的心，有着坚定的精神信仰和目标。让自己的人生变得有意义的同时，也让周围的人感到幸福与快乐。"

"师者，自愉者也，愉人者也；自悦一生，悦人一世。"虽然赵卯生始终未称自己最适合当老师，但他说自己最能把老师当好。的确，三尺讲台的境界和桃李芬芳的信念最适合赵卯生。"赵老师上课的气氛非常非常好。每个知识点，他都能以出其不意的方式，讲解得生动有趣，可以把呆板的哲学原理讲得丝丝入扣，十分吸引人。而且，赵老师在讲解教材的常规内容外，还给我们普及很多职场、影视、音乐的内容，教导我们做人的道理，我们很感兴趣，也很喜欢，老师特别棒！赞！""赵老师授课认真负责，注重学生的全面发展，授课方式很受学生喜欢，在课堂上我们可以得到很大收获。超级喜欢！推荐！"每学期下来，同学们都会在教学评估的留言板上对赵老师的课堂教学给予极高的评价。在2014年6月中国政法大学举行的"'感动法大'暨'自强之星'颁奖晚会"上，赵卯生上台给获奖同学颁奖时，会场响起了雷鸣般的掌声，代表着同学们对赵老师的喜爱和欢迎。

结　语

"做一个幸福的人，让周围的人都被你的快乐感染。传递正能量，让这个社会始终保持一个昂然向上的姿态!"这是赵卯生在课堂上反复强调的幸福宣言。

与人如沐春风，载师德千秋恒远；

予人润物无声，承师恩百世弥新。

赵　鹏

读书、写字、讲好课，做一个与学生共同成长的人

文/黄雨薇　高晓蕾

赵鹏，宪法学与行政法学博士。1999年考入中国政法大学法律系，2003年到2009年一直在中国政法大学就读，先后获法学学士、法学硕士、法学博士学位，现为中国政法大学法治政府研究院院长，教授。其课堂生动有趣，内容丰富，于2015年当选第六届"最受本科生欢迎的十位老师"。

他年轻，但在谈吐间可见出博学；他幽默，在举止中却又不失沉稳。他让大家感受到，作为教师不仅仅是授业，更重要的是传道，甚至是以一种人格魅力感染周围的学生。毫无意外，他在2015年成功入选中国政法大学第六届"最受本科生欢迎的十位老师"。不拘泥于现实的浮华，只愿沉溺于崇高的圣堂，性本自由爱读书，这就是赵鹏。

读书·教学：一个法大的"钉子户"

自从1999年考入中国政法大学法律系，赵鹏老师的学术生涯几乎都是在法大度过的，本科、硕士、博士、一直到博士后，最后又回到法大任教，除去在首都经济贸易大学短暂的工作经历，他从未离开过这个校园。赵鹏在法大读书学习、教书育人，虽然自嘲为法大"最牛钉子户"，但他也常常提起"此生都不会与法大分离"，言谈中无不体现着

对这片校园的深厚感情。

说起在法大的学习经历，他的言语间总有种温柔在流淌。"中国政法大学是让我们所有法大学子爱恨交织的地方。"赵鹏感叹道，"资源贫瘠是我们恨她的地方。回想入学的时候从四川坐火车到北京，上了学校的大巴后看向两边都是田野，有种误上贼船的感觉"。开始是不满意的，而在静下心来学习之后，却发现这个校园给他带来了太多。学校对教学是非常重视的，现在的"行政法研究所"之前叫作"行政法教学研究室"，名字的差别足以体现出理念的不同。当时法学还不是以科研为中心，所有老师都投入大量的精力到教学中，十分注重讲课的规范性。本科阶段得到的训练是未来成长的基础，法学课上缜密的逻辑推理让赵鹏得到若干启示。在法大读研期间，赵鹏养成了大量阅读的习惯，现在即便很忙他也基本保持每天有一两小时读书的时间。他说一部分是得益于研究生导师住得离学校远，经常托他去买书，作为交换他得到的福利就是可以暂时得到这些书，三个星期之后再交给导师，而导师择书的喜好也逐渐塑造起他日后读书的品位。

从事法学研究一直以来都是赵鹏的兴趣，而法大更给了他多元的选择空间。正如赵鹏所说每个学科都有其独特的魅力，他也曾经对充满情怀的刑法与逻辑严谨的民法产生过浓厚的兴趣，但还是选择了行政法为自己的研究方向和毕生的事业。中国在传统上是一个行政主导的社会，大量的社会经济问题是由行政机关所决定，因此对行政方面的权力规范就显得更为重要。从事行政法的研究，努力使中国社会行政权力的行使更加规范，成为促使赵鹏老师研究和教学最重要的动力之一。

做出这样的选择，他也从未后悔。赵鹏认为，每一种职业方向都各有利弊，最重要的是做出最适合自己的选择。他所追求的是一种自由的生活和工作环境，可以与同事和学生平等自由、舒缓平静地交流和相处。这种发自内心的对自由的追求以及对读书讲课的热爱，使他决定留在大学里，选择了这种与书本和讲台为伴的生活方式，也让他扎根于法大，成了他口中的"钉子户"。

对于这样平静的生活，赵鹏乐在其中。手不释卷，他每天从阅读中汲取新的知识和信息，获得对学术源源不断的激情；兢兢业业，赢得同学们的肯定和喜爱，成为莘莘学子心目中的楷模，这些都是他从事业中取得的收获。

教学相长：通过积累增加课堂深度

赵鹏老师的课堂生动有趣，内容丰富，同学们在课堂上听课都是一种享受。但是赵鹏坦言，现在的课堂状态是多年"试错"、经验积累的结果。赵鹏认为，要成为一个好的老师，首先必须是一个好的学者。尽管课堂时间有限，但他都会以课堂讲授内容十倍以上的知识储备量作为准备，这样才能使学生获得教科书以外的知识。因此，赵鹏十分注意教学之外的科研和积累，他也一直通过阅读提高自己的科研学术水平，以求与教学达到相辅相成的效果。

他会定期跟踪阅读两三本财经类杂志，赵鹏认为，一切的社会现象背后肯定有利益的追逐，财经的新闻直接反映人性和社会运作，能够间接体现出法律的成与败——何处是意犹未尽的，何处可以进一步完善？扎克伯格生了女儿后将财产全部捐献，鲜活的例子更能够使人清楚地了解世界的大恶大善，原始的素材既加深对社会本身的了解，亦能加深对所学专业的应用，从而得以去回应社会。赵鹏提到，读书最重要的是持之以恒，形成某种热爱或习惯，一天不读两天不读就觉得空虚，最好的方法还是要做笔记，仅仅宽泛地阅读和整理笔记所能达到的效果截然不同。读文献的时候，将每个观点和支撑理由整理出来，写文章很快就会有想法。而笔记和阅读本身结合起来，能够更深入地去理解不同的观点和背后的思路。

但是，仅仅做一名好的学者可能并不够，赵鹏一直在努力将自己的科研成果以通俗易懂的语言传递给学生，转换为自己的讲课风格，用人格魅力唤起学生参与的积极性。他十分清楚与学者交流和与学生交流之间的区别，并将教学过程的深入浅出作为自己讲课的努力目标，而做到并不容易。每次讲课，赵鹏都会注意学生们的反应，据此对讲课内容做适当的调整：如果对于某些知识点学生普遍不太理解，他就会在下一次讲课时多增加一些背景知识；如果某些知识点比较枯燥，他就会多积累一些有趣的案例，给学生直观的感受。另外，在讲课时，赵鹏习惯于拿着话筒在教室里游走，"深入敌后"，这样一方面能够活跃课堂气氛，另一方面也能让他与学生更好地互动，既能够使课堂保证一定的发散，又能够对课堂进行有效的控制。毕业于首都经贸大学的 H 同学这样评价赵鹏，"行政法对于我们管理学的学生来说不是专业课程，但是我永远都不会忘记赵老师，他喜欢走下讲台和学生互动，每次被他提问都会得到新的启发"。

赵鹏的同事法治政府研究院的林华老师这样描述他："赵鹏老师待人真诚，关爱学生，与同事相处融洽。他兼顾教学与科研，在自己取得优秀科研成果的同时，也认真对待教学，追求讲课的精益求精，深受学生们的喜爱。"只有不断提高自身的学术科研水平，才能让课堂永葆新鲜；教学过程中对知识的梳理，也能让自己对研究的结果更加清晰。在赵鹏那里，科研与教学之间的相辅相成得到了很好的实践。

继续成长：从"小鲜肉"到"大家"的跋涉

作为年轻教师，赵鹏被同学们亲切地称为"小鲜肉"，对于这样时髦的称呼，他非常乐于接受，认为能够得到这样的称呼只是因为自己比较年轻，讲课的风格比较轻松活泼，擅长用一些网络词汇，比较符合青年学生的需求。而他认为自己之所以受学生的认可是因为讲课浅显易懂，但与真正学识渊博的大家相比，还是欠缺积累，不足以令人回味无穷，这也是他今后想要努力的方向。

采访之时赵鹏正在哈佛访学为自己"充电"，他称这是既期待又难忘的一年。校园里遍布了一百多个图书馆，每天有各种思想交锋的前沿讲座，赵鹏充分利用哈佛的资源，在美国潜心研究互联网的政府治理与风险规制两个专题。哈佛法学院的教育方式也很符合赵鹏的兴趣，与耶鲁精英化的学术象牙塔不同，哈佛和实务界的互动更多。赵鹏介绍道，哈佛有一位行政法教授桑斯坦，他作为奥巴马的助手担任规制信息办公室的主任，在美国号称"监管沙皇"，所有办公室出的政策都要到规制信息办公室做成本分析。在课堂上教授天马行空地讲解，白宫和国会的故事信手拈来，极大丰富了视野。另外，教授在教学上的投入也是非常充分的，为了吸引学生做了很多工作，桑斯坦在为学生讲解自己的新书《星球大战中的宪法》时，请来了星球大战的 Cosplay，达斯·维达的呼喊声弥漫全场。在"世界最著名高等学府"访学，必定会让赵鹏打开自己、保持好奇、拥抱世界。

回国后，赵鹏希望能够开一门小型的课程。目前他开设的行政法和行政诉讼法，课堂规模都比较大，这是教师莫大的荣幸也是赵鹏对学生的愧疚之处，因为大班授课让他很难做到去跟踪每个学生的反馈。他希望日后可以仅面向二三十个对行政法感兴趣的同学开设小班，选一些专题，以案例为中心，结合行政管理和行政法的知识去探讨，做一门交叉学科的课程。

对于未来，赵鹏老师的规划非常简单，读自己喜欢的书，写几篇自己真正有感而发的文章，能够积累更多的案例让课堂更加丰富，能够激发同学们更深入地思考……总结起来就是读书、写字、讲好课。话虽简单，但要真正做到所需的投入和努力是不可估量的，对于赵鹏而言，力求扮演好法学老师的角色，这就是他选择的生活方式。

教师之路，平凡而激情。赵鹏用他的成长经验带领学生在学识和为人的世界里徐徐前行，成为菁菁校园里炙手可热的明星教师。

朱庆育

一位特立独行的"法学爱好者"

文/余　宁

朱庆育，毕业于中国政法大学研究生院民商法专业，2002 年至 2014 年，曾在民商经济法学院民法研究所历任副教授、教授，现任南京大学法学院教授、博士生导师。他的民法课以滔滔不绝的精彩讲述、笑料迭出的经典案例、广博精深的理论功底、清晰缜密的逻辑思维在法大引起了极大轰动，其人深受学子喜爱，于 2011 年、2013 年分别当选第四届、第五届"最受本科生欢迎的十位老师"。

他上课幽默风趣，启人智慧，但他却一副抱歉的样子："你们真不幸，被我折磨了那么久。"

他博学多才，思维缜密，但他却说，"我只是个法学爱好者。"

学生眼中的朱老师：才华横溢清冷孤傲

大一学生都喜欢用"神奇"两字来形容朱庆育老师。他们想不明白，每一节朱老师的民法课居然都能引起如此大的轰动，这对他们来说几乎是前所未闻。这位貌不惊人的青年教师，却每每以他滔滔不绝的精彩讲述、笑料迭出的经典案例、广博精深的理论功底、清晰缜密的逻辑思维，折服台下每一位同学。

朱老师有一个"特异功能"：擅长将民法与金庸的武侠小说联系起

来，深入浅出地讲述晦涩难懂的理论。他在第一堂课中就说道："倚天剑和屠龙刀在武林中有着同等重要的地位，但为什么有那么多人都去争夺屠龙刀而没人去抢倚天剑呢？我的研究结论是这样的：倚天剑的所有权因继承而归属于峨眉派，他人不得侵犯，而屠龙刀在襄阳城破之后变成无主财产……"这种经典例子还有许许多多，哄堂大笑的背后，有朱老师妙手偶得的精心设想，还有同学们对知识潜移默化的牢固掌握，可谓是"润物细无声"。

但听朱老师的课并不意味着你可以不动手不动脑。令人应接不暇的各派法学家的观点总会从他口若悬河的讲授中滚滚而来，正当台下同学记得不亦乐乎并将之奉为真理之时，朱老师往往会出其不意地问道："这样说有道理吗？"面对着台下一张张迷茫而写满求知欲的脸庞，他循循善诱，层层剖析，将上述理论的合理与不合理之处分析得清晰而透彻，给人醍醐灌顶之感。而课堂上光有老师的声音是不完美的，朱老师深刻认识到了课上交流的重要性。他甚至舍得花一节课的时间来让同学们讨论一道案例题，其匠心独运，由此可见一斑。

然而这位才华横溢的老师，却多多少少给人清冷孤傲，甚至难以接近的感觉。课堂上，他总是一副学者的认真严肃之态。下课后，他在一群学生的包围之下，在讨论民法问题的浓厚学术氛围之中，总会习惯性地抽上一支烟，依旧是一副冷酷的表情。这种不张扬的"酷"，反而增加了朱老师的神秘感与同学们对他的好奇感，大家永远猜不透，这位曾在课堂上称自己为"法学爱好者"和"以胡说为业"的老师，究竟有着怎样的智慧，怎样的内心世界。

朱老师之自我评价：性格与兴趣使然

对朱老师的采访是在图书馆的二楼长椅上进行的。在课堂上与课堂外，朱老师给人截然不同的感觉，采访中会发现，之前的很多直觉都有失偏颇，现实生活中的他，其实是一个很内向，很可爱，很朴实的人，只是，谦虚的风格还是被他一以贯之。

朱老师对民法的兴趣缘于大二。那个时候，还是一个典型的文学青年的他，在近代文学与民法的双重滋润下，寻求着真正属于他自己的生活方式。母亲感性而不失稳重的性格，对他产生了极大的影响，造就了他脚踏实地、勇于拼搏的学习和工作作风，成为他人生的一笔重要财富。

朱老师自认为内向的性格使他不善于主动与别人进行交流，因而让别人误认为他总有一种傲气。大家可能很难想象，那个在讲台前挥洒自如的朱老师，最怕在公共场合讲话，台下只要坐了人，不管是二十人，还是两百人，他都会紧张。但是他对于民法的热爱远远超过了他心中的紧张与恐惧，使他在课堂上激情飞扬，游刃有余。在谈到他的谦虚时，朱老师说道："你们说我谦虚，其实不同的人会有不同的评价，也有很多人说我很傲。站在讲台上，我所想的只是如何更好地把知识传授给大家、如何更好地培养学生的独立思考能力。我没有必要在学生面前声称自己有多么厉害。"一番很实在的话，折射出一颗真诚坦率的心，那是对"好老师"的一种全新的诠释。

对于自己和民法的教学与研究结下的不解之缘，朱老师归因于两个字——兴趣。他认为自己不属于那种有着远大理想，要靠重重目标来规划自己的生活，用种种价值选择去拘束自己的人，他也从来没有刻意去想过自己的座右铭是什么，他认为自己没有必要为一句话去活着，是兴趣引领着他不断地在民法领域自觉探索，自觉研究，"我只是喜欢这样做，于是我便做了"。有时候，纯粹的兴趣能让人更加全身心地去投入某项事业，那种不受功名左右的质朴的思想，能让他不必背着沉重的包袱去瞻前顾后，这也不失为一种潇洒自若的生活姿态，一种特立独行的处事原则，一种真实的幸福与快乐。

于 悦

"重新认识一下，我是'有包袱，没架子'的于悦"

文/方舒婷

于悦，中国科学院心理研究所博士。中国政法大学社会学院心理学讲师，硕士生导师，国家二级心理咨询师，主要研究领域为人格与社会心理学、心理健康与测评、组织行为等。曾获第二十一届校园广播歌手大赛教工组优胜奖，与无边界乐队等其他学生兴趣社团同台演出。曾于 *Personality and Individual Differences*、《心理科学进展》等国内外期刊上发表文章十余篇。主要讲授"社会心理学""越轨社会学""人格心理学""管理心理学""亲密关系心理学"等课程。他的言谈举止幽默风趣，教学风格诙谐生动，课堂氛围轻松活跃，于 2021 年被评选为第九届"最受本科生欢迎的十位老师"。

2019 年 9 月，于悦站上了属于他和 15 位同学的第一堂"社会心理学"课的讲台；仅仅两年，于悦便成功站上了"最受本科生欢迎的十位老师"颁奖典礼的领奖台。一身时尚多变的衣着散发出他对艺术的追求，一双炯炯有神的眼睛中流露着他对教学的热爱，"平易近人的""令人崇拜的""多才多艺的"，都是他在学生心中的印象。幽默风趣的言谈举止、诙谐生动的教学风格、轻松活跃的课堂氛围、认真负责的教学态度、耐心亲和的交谈方式……这些都是他广受好评的原因，而他自己，也在教师、榜样和朋友这几个身份中来回切换着。

续旧火,煮新茶

"社会心理学""越轨社会学"和"亲密关系心理学"是于悦在本学期开设的三门课程。"社会心理学是我早年研究过的相关领域,来到法大之后便顺理成章地开了这堂课。而开设'越轨社会学'则是受到马皑教授与皮艺军教授的影响。"于悦在谈到开设课程的原因时,表现出了对两位教授的深然钦佩。在马皑教授和皮艺军教授的启发之下,于悦接手了讲授"越轨社会学"的任务,这门课也成为他打动学生的重要一课。而"亲密关系心理学"则是于悦个人的研究方向,主要着眼于人格心理学领域,今年也是他第一次开设这门课程,他希望可以在培养"亲密感"的关键期——大学(成年早期)阶段,把有意义且未来一定会用到的亲密关系知识通过选修课的方式呈现给学生。"这三门课程都是与人相关的课程,也是人生的必修课,而大学正是培养亲密关系的最好时机,我们都要学会'接纳过去,拥抱未来'。因此在当下开设这门课程具有一定的超前意识,也有利于促进大学生的身心健康。"谈到自己的新课程时,他的言语中充满了自豪与期待。

让知识点"活"起来

作为一名教师,他兢兢业业地在课堂上讲授着有关心理学、社会学的知识,在一次次的实践中不断调整着自己的教学模式,以适应不同同学的听课需求。他特别喜欢在课上与学生互动,有时候他会随机点几名学生到讲台上进行情景模拟,将课本上的知识通过学生之间的真实互动来体现,让一板一眼的文字变得生动起来。他还曾在课堂上播放自己之前参加节目时的片段,为课堂增添了许多乐趣。同他所希望的一样,他与学生之间建立了友好的平等关系,在轻松愉悦的课堂教学氛围中向同学们展现了优秀的教学水平。在他看来,无论是轻松的课堂还是严肃的课堂,最终目的都只有一个——保证工作的顺利进行,保证知识能被学生们所吸收。

教学，不止在课堂

在校内传授知识是于悦作为一名教师的工作内容，而在校外，多才多艺的他也通过各种平台积极科普心理学知识。在《老师请回答》综艺中，他探讨了一些全民关注的教育热点和难点问题；在哔哩哔哩平台上，他将知识点制作成短视频进行推广教学。在他看来，综艺节目和短视频的受众更加广泛，其考虑到不同群体的偏好，需要寻求一致性认可，因此播放内容都是经过高度提炼的。不过，虽然知识点精准，都是精华和干货，但知识并不系统，相比之下，学生的专业学习需要更多更完整的理论知识，更具有学术性。于是，为了给学生更好的上课体验，也为了让学生真正"精于学术"，于悦在课堂教学中增加了更多的铺垫和引入，以求为同学们建构完备的知识体系。另外，通过短视频进行知识推广后，他还惊奇地发现了短视频平台的另一妙用——为自己的课堂服务。在多门课程的备课中，他有时也会苦恼如何才能将知识点讲得通俗易懂，而短视频平台就是一个很好的"试验基地"，备课时他会先在平台上尝试创新性地讲授一部分知识点，达到"抛砖引玉"的效果，再通过平台用户的反馈来调整自己的教学方式，这为他的课程设计提供了许多方向与思路。

一位富有"创造力"的榜样

跳出教师的身份，他是校园歌手大赛上闪闪发光的"明星"，是乐队表演中自由潇洒的乐手，同时，他还是一位极富创造力和想象力的学者。坚持理想主义的他，不希望研究仅仅拘泥于刻板的领域，或是进行重复性研究，而是希望能从解决实际问题的角度出发，切实地做出一些有意义的研究成果。创造性和想象力是他做科研的重要"法宝"，于他而言，获取灵感的方式是多样的。在与学生讨论结课论文题目的时候，在指导学生创新创业课题的时候，与主题相关的或者是边缘的一些观点都可能激发出他的研究兴趣。但由于教学上的压力与时间的有限，许多想法都未能真正落实，而这些想法如果应用于实践中，可能会带来学术上的突破，这也是于悦未来的目标之一。于悦身上的创造力和那股冲劲使他成了很多学生羡慕的样子，他将这个评价称作是"荣幸的反馈"。"榜样是通过教师这个最初的角色额外附加的价值。"道高为师，身正为范，于悦在不经意间迸发的灵感既拓宽了科研的思路，也激励着学生不断思考和创造新的可能。

"有包袱，没架子"不只是标签

"有包袱，没架子"，这是于悦的微信签名，也是他对自己的评价。"'有包袱'指的是我在上课前会整理好自己的着装，我也希望自己能像'偶像'一样，以一个良好的帅气的形象出现在同学们面前。"在同学们的印象中，得体的衣着是于悦的标配，西装革履、花纹衬衫、休闲卫衣……每一种风格都能在于悦身上得到体现。但不论穿着什么风格的服装，"没架子"都是于悦与学生交流的真实状态，就像他自己所说的："我们是平等交流的朋友。"而这位"朋友"也确确实实十分亲民。在一次课堂上，有位同学开玩笑地让于悦给他买奶茶，于悦答应了，结果第二次课那位同学就惊讶地收到了来自他的奶茶，"我真的没想到，当时就是随口一说"。但在于悦看来，既然答应了，就一定要做到，这是诚信问题，不管承诺的对象是学生还是其他人，他都会尽力履行诺言。除此之外，于悦在教育学生方面也有自己独到的方法。在一次社会心理学课堂上，当全班都在认真听课的时候，一阵游戏音效在教室里突兀地响了起来，据那位同学回忆，当时的场面实在是非常尴尬。然而于悦并没有在课堂上批评那位同学，而是在课下单独找他聊天，鼓励他在自己感兴趣的领域做出一番成绩来，但同时也不能耽误正常学习。从此那位学生便自愿从教室的后排换到前排，在于悦的课堂上认真听讲，积极配合，还为他的课提供了很多有趣可行的建议。其中一个提议的落实方案已经在着手准备当中，至于具体的成果展示，于悦希望到时候能给同学们一个惊喜。

重新认识一下，再向未来出发

在刚入职的时候，于悦在《争做一名受学生爱戴的高校教师》中提到了想要进入"最受本科生欢迎的十位老师"行列，而如今他已经成功做到了，当然他也期望能在两年后再次获得这个荣誉。但他对自己的要求不止于此："在教学与科研的平衡上，从严格意义上来说我还远远达不到要求，但在校的前几年还是会以教学为主，毕竟'金杯银杯，不如学生的口碑。'"而对于科研这个大目标，他则会通过利用假期多开展研究、多申报课题来一步步实现，争取"两条腿走路"，实现科研上的突破。

2021 年对于悦来说是很特殊的一年，在本学期他一共开设了三门课程，每堂课两百多人的课容都爆满，甚至在扩容后也满座，这对他来说，既是肯定，也是压力。一方面他高兴于同学们对他的课感兴趣、有激情，另一方面他又担心在多门课程的教学上分身乏术，难以呈现出最好的教学效果。获得"最受本科生欢迎的十位老师"荣誉称号后，他在惊喜之余又担心同学们对课堂的期待过高，自己难以满足同学们的期望，因此他希望每位学生在上课前都能够抛掉预设，好好享受课堂，"忘记过去，重新认识"。

于悦的"百般面孔"，就等着同学们在课堂、在舞台、在生活中慢慢发现。

任启明

传道"顶天立地"，授业"教学相长"

文/朱枫荻

任启明，北京大学法学院经济法学博士（硕博连读）。2015 年起在中国政法大学民商经济法学院任教，现任民商经济法学院讲师，主要研究方向为商法、公司法。目前开设"商法一：商法总论和公司法""商法二：证券法"等课程。2017 年获"中国政法大学民商经济法学院岳成律师事务所奖教金"，2018 年获"中国政法大学教学优秀奖"，2021 年获"中国政法大学第三届青年教学名师"，2019年、2021 年分别获评第八届、第九届"最受本科生欢迎的十位老师"。

羽扇纶巾，纵观上下千年

"我送的礼物是一把扇子，里面有'吾皇为你打下的江山'。"教师节当天，"最受本科生欢迎的十位老师"颁奖典礼上，任启明老师这样介绍他为现场观众准备的礼物，语言风趣，引起了全场大笑。

"吾皇"是一只卡通的傲娇胖猫，"脾气偏偏的，但是很可爱，是我很喜欢的一个卡通人物，这个漫画也给我的生活带来很多乐趣"。老师解释道。而扇子，在任启明的生活中也是一个重要角色：因为怕热，有时候几百人的大教室里又不通风，为了凉快就会用上扇子，于是有了任启明老师"一人一扇，谈笑间窥得商事江湖"的课堂奇景。

除了降温的现实意义，作为一位文科教师，扇子在他心里还是一个文人标志，代表着他"羽扇纶巾"的情怀，对"一边摇扇一边谈天说地，做喜欢的事情"的向往。尽管因教授公司法的缘故，任启明被同学们亲切地称呼为"任总"，但是在这层"霸道总裁"的光环之下，还有一个手持羽扇指点江山的传统文人形象，以及眼观中华上下千年历史、身游北京东西万般古迹的憧憬。

在去年疫情期间的一场直播节目《闲话北京城》里，任启明老师提到他当年想报考古专业，也有过学历史的意向。原因有两点，一是源于他自小爱好阅读中国传统神话和历史书籍，而中国古代遗留下来的历史遗迹、艺术作品，正好成了他连接古今的媒介。"想一想当年在这个地方曾经发生过的历史，你总会感觉到自己陷入了一种深思。"老师描述道。另一个原因来自于老师从小对书法的学习，由于"书画不分家"，在他眼里，这些传统形式艺术作品的美好和价值"也都是在历史记忆之中才能够欣赏到"。

尽管因为现实原因，任启明老师最终没能进入考古文博学院，但是他仍然选择来到北京，并且留在北京生活和工作。在这里，漫步于古都的历史中，静等一场雪后，北京变成北平。

任老师自己乐于史、学于史，所以他也多次向同学们推荐，希望大家多去探索北京城："虽然我们地处'河北省昌村'，但是大家有时间的时候还是要多进城，去国博、首都博物馆、故宫博物院等这些名胜古迹参观参观，去访一访古。这些从人生的长远角度来看，可能要比你利用这个时间多做一套题目，更有价值和意义。"

结缘法学，细论公司之道

任启明老师本科就读于北大元培计划实验班，大一时尚未细分专业，而他选择了修读经济学和法学专业的基础课。由于他喜好历史，对中国历史中占比较大的中国政治史非常了解，因此在学习宪法时，任老师对宪法中关于国家治理等知识产生了更为浓厚的兴趣。再到后来学习了刑法，从不同的理论中感受到了法律的逻辑之美，在严谨的法学思维中感到了愉悦。

用老师的话来说是"没有预期自己未来一定会学习法律，但是因为在大学里的课程和阅读，最终基于兴趣选择了法律"。虽然"一辈子天天待在故宫博物院里头，和一堆中国传统的国宝打交道"的愿望没能实现，但是他最终也找到了自己的方向所在。研究自己感兴趣的专业固然是一种幸福，而在学习过程中逐渐喜欢上另一个专业，也不失为一种幸运。

至于后来为什么选择进一步研究公司法，任启明老师坦承，这对当年的他来说也是一个令人纠结的问题。

其实老师在大一同时学习法学和经济学时，因历史搭起了与法学之间的桥，却难以接受一些经济学的知识。"这不成了让有钱人变得更有钱、穷人变得更穷，多少让人从情感上难以接受，这不是我们所追求的。"任老师回忆起那个时候他的想法，"甚至可以说，历史上中国的社会追求一直以来都是一个小康社会，一个大同社会，而不是一个阶级分化的社会"。因此，当初的他更加倾向于学习法学。

然而，在提问启发式教学的民法课堂和博学多识的经济法老师影响下，任启明逐渐看到了学习法学的不同可能："从刚开始不选择学经济学，到后来开始接触法律经济学。我觉得这样用另外一种思维来思考法律，可能和我们的实践结合得更加紧密。"

除了老师的影响，任老师选择公司法也是基于兴趣，他认为公司法"顶天立地"，其好处是"上通天，下达地"。"公司是思考人类，尤其是工业时代后的人类所不能绕开的一个重要机制，如果不了解公司，就没有办法很好地理解今天这个社会。"老师解释道。他觉得把公司的发展放到人类的高度上，就不会"陷入一些琐碎的技术规则中，而是有一个更大的关怀"。而公司法毕竟还是法律规则，还是需要能够解决现实问题的，这样一个务实的特点使得任启明老师觉得公司法靠近人间烟火气，能够"站在地面上"。

当问到希望自己的学生在学习上有怎样的品质时，任启明老师给出了他的想法：首先要开拓视野。他在课堂上会推荐大家多读法学之外的书，也会介绍很多前沿的理论："我觉着在接受这些知识的时候，大家没必要把自己当成一个本科生、一个初学者，要有一个更宽广的视野。"

其次，任老师希望大家能灵活地理解法律。老师在课上经常问："如果你是一个聪明的商人，你会如何绕开这个法律规则呢？"这并不是鼓励大家去违法或者规避法律，而是希望大家能站在法律之外，"只有超越它，才能更好地学习它"。任老师认为，不必将法律规则神圣化，而应该认识到其经验性的特点，脚踏实地去解决实际的问题，然后在此基础上去分析法律内在的逻辑，"这可能才是我心目之中一个更合格的法科学生应该具备的品质"。

可以说，要学好法学，也需要能"顶天立地"——有天般高阔的视野，有踩在地上对实务的关切。

躬耕乐教，构筑价值课堂

颁奖典礼上有一段视频——任启明老师扇着蒲扇，在给学生们烧烤，这一幕给很多同学留下了深刻印象。任启明和他的老师一样，会在课后请上同学们一起吃饭、烧烤。谈及当年这样与老师相处是什么感受，"第一嘛肯定是串儿好吃，被请吃饭也很开心。"任老师幽默地说，"这在一定程度上也拉近了与老师之间的距离"。而到如今，任启明自己成了老师，他依然想把被请吃饭的开心延续下去，也想分享自己作为一个"吃货"对于美食的感受。而最重要的原因是，他希望通过与同学们一起吃吃饭聊聊天来了解学生的想法、困惑和疑问，完成课堂上难以兼顾的自由的交流。

从第八届到第九届，任启明老师已经连续两届获得"最受本科生欢迎的十位老师"称号。颁奖典礼上，当主持人问道"再次获奖有什么感想"时，任老师只简单地回答了一句"很爽"，如此"精彩发言"，引起了现场观众的欢笑。其实，任老师回忆起当天的情况，自己也有些哭笑不得。他原本以为主持人会进一步提问，但或许是由于时间限制，这个话题被匆忙结束。"正好借今天的机会补足。"他说。

对于任启明老师来说，第二次获得这个荣誉确实让他非常开心，但也让他感到忧虑。因为这个称号是同学们一票一票投出来的，分量很重，但是这种荣誉又是建立在别人的认可之上的，基础薄弱，所以让人不安。老师打了一个风趣的比方："就好像是清宫里的嫔妃，你今天因为深得圣意被升为了贵妃，但是同时你也会有深深的焦虑感——万一有一天辜负了圣恩，会不会被打入冷宫？所以在这种忧虑之下，在你不能够左右别人想法的时候，你能够做的是努力地做好自己应该做的事情。作为一个老师来说，我觉得就是要认真地备好每一堂课，认真地上好每一堂课。"

不管是在疫情期间以美食代替地名的备课、在网课上播放上下课铃来营造高度"仿真感"的课堂、以风趣幽默的方式上课，还是在课上不断启发提问、在课后与同学们聚餐，深入解答困惑……这些都是任启明作为一名教师，在教学工作上做出的努力。

"当然，我也要保留自己的一个小意见。"老师严谨地补充道，"这个认真备好、上好每一堂课是从我理解的角度来说——希望同学们能够喜欢，但是让同学们喜欢并不是唯一的目的。我觉得在课堂这个'市场'之中，我们不能够完全只尊重或者只受'消费者'的偏好影响，其实在某种情形之下，我们也希望能够'塑造消费者'，能够和同学们有一个更好的互动，而不是说因为同学更喜欢简单的课堂，我就会讲得简单一点。这是我最后的底线"。

那要如何更好地互动呢？任启明老师仍用了他为颁奖典礼录制的个人视频中的话："教学相长，捧逗相谐"——在提问与被提问中师生双方不断思考互相促进，在课堂上同学们踊跃表达自己的意见和观点。

从好古的历史少年，到博识的法学学者，任老师以亲身经历告诉我们，无论专业为何，兴趣都是最好的老师；曾经在老师的教诲和引导下接触法学，开始思考法律逻辑性和实践性的学生，如今已经成为尽心引导学生们在法学学习中"顶天立地"的老师。

古人之言"传道授业解惑"，六字凝练简洁，做起来却并非易事。"教学相长，捧逗相谐"表面上是对同学积极上课的喊话，实则也是老师对自己的要求：呈现出大家满意的课堂，使得道得传、业得授、惑得解。"这也是我连续两次获得'最受本科生欢迎的十位老师'称号后，给自己的鼓励和内在的动力。"老师最后说。

张　劲

阴差阳错成就的教师之旅

文/李治蓉

张劲，法学博士，1994 年毕业后进入中央政法管理干部学院工作，1996 年开始任教。现任中国政法大学法学院党内法规研究所所长、副教授，主要研究方向为宪法学、党内法规，目前开设"宪法学""宪法学案例研习""习近平法治思想概论"等课程。张劲的课堂总是给人一种春风拂面的感觉，宪法史知识在他融入自己的思考和体悟后，变得令人耳目一新，于 2021 年获评第九届"最受本科生欢迎的十位老师"。

生命中的偶然，意外的法缘

很多人曾说：高考之美，在于阴差阳错。

即使经历了在法大作为学子与老师的三十多个年头，早已对这里的一草一木、一角一落熟悉无比，张劲在回望最初的选择时，或许也免不了一番这样的感慨。

1990 年高考结束后，作为复读生的张劲，心里对于北京的学校并不抱有任何的期待，而是将第一志愿填写了西南政法大学，却由于当年的社会背景而阴差阳错地被调剂到了法大。对于那时毫无准备的他来说，就好像天上掉下一个巨大的馅饼，一下子将他砸得头晕目眩，"当我拿到录取通知书的时候，实在不敢相信自己的眼睛。怀疑是不是弄错了，立马跑到学校去求证。而当得到证实后，我的反应就是骑着自行车想赶快把这个好消息告诉我的家人、老师和好朋友，然后在他们的祝贺中享受四年高中艰辛的回报，并在他们的羡慕中假装谦虚。"随着张劲的描述，我们好像和他一起陷入了回忆，眼前浮现一个满脸喜悦与激动难掩的少年，兴冲冲地骑上了自行车往家驶去，路过的风都带着快乐的香甜——他的包里装着宝贵的通知书，是无数的努力与汗水精心浇灌后终于开出的花，也是给四年青春画下的圆满一笔。

而在谈起因何将政法院校作为第一志愿时，张劲则表示这其实只是一种偶然中的必然结果，"我来自重庆市郊区的一所普通中学，没有多少选择的机会。能够上大学就是不容易的事情，能够上本科就更值得庆祝"。于他而言，根据"兴趣"来选择大学实在是过于奢侈和冒险，法学或许是当时最适合自己的决定，"能够考上中国政法大学与法学结缘，是一种偶然，而非我一开始就抱定了以法治为志业的决心"。带着丝丝感慨，张劲解释了当年做出的选择。

那时的张劲想不到自己会来到北京，更想不到，曾经"坚决不报师范类院校、坚决不当老师"的自己，最后成了一名教师。

以学子为本，明教师之谓

不想当老师，是属于张劲中学时代真实的想法。可要说具体的原因，其实他也不甚确定。"学生时代的想法很少有什么所以然，或许是因为当时想进政府机关，亦或许是目睹了教师工作的艰辛，毕竟教师从来不是一个轻松的角色。"然而，教师的身份与意义究竟代表着什么，在年轻的张劲的脑海中，就像一幅未勾边着色的画，还太过模糊。至于为何后来成了一名老师，张劲回忆道："其实是因为毕业工作机会的偶然，之所以坚持这几十年，也部分出于随遇而安的性格。不过当了大学老师之后，也确实发现和体会到教师职业的美好。"

而这份美好，很多时候来源于可爱的学子们。在学生眼里，张劲的课堂总是给人一种春风拂面的感觉，宪法史课程在张劲于授课中融入自己的思考和体悟后，变得令人耳目一新——"坚决的服从、自由的批判，以严格的思辨和宽容的态度来认识世界，并接受世界的多样性"，是学生们对张劲课堂的评价。当然，很多人喜欢张劲如沐春风的课堂风格，也为他的个人风格所折服。当被问及如何看待学生们以"风度"来评价自己时，张劲的回答令人忍俊不禁，"所谓有'风度'，很可能是因为，同学们发现已经无法用'颜值'这类硬核指标来表扬我，而只能求诸言谈；即使求诸言谈，同学们也发现无法用'一口地道的伦敦音'来夸奖我，而只能求诸举止。在此，也十分感念同学们的美意"。字里行间所表露的儒雅却不失风趣、谦虚里还藏着些幽默，或许这正是张劲如此受学生们喜爱的魅力之所在。

不过能够受到众多学生的一致好评，归根究底，和张劲始终坚持并为之努力的"不让我课堂的每一个 45 分钟都让学生感到度日如年"的原则是分不开的。在他看来，一门课程，老师的任务不只是将知识系统理论地呈现给学生，还应该尽可能以有趣的方式呈现给学生，"因为空洞的说教，除了让人厌烦和浪费时间，并不能带来实际的教育效果。所以，为师者不能只是俯视性地批评学生不爱学习，也要反思性地检讨是否以枯燥的教学浇灭了学习的火苗"。

不知不觉间，当年不愿以教师为职的青年已在三十余年的职业生涯中历练成了一名优秀的人师。如今，当张劲站上"最受本科生欢迎的十位老师"的颁奖台，这份由学生所带来的、心目中最重要的荣誉让他备受激励的同时，也让曾经模糊的"何为师者"的答案愈加清晰明了。他娓娓道："在一定意义上说，'教师'跟工人、农民、公务员、职员一样，就是一个职业，不崇高也不卑微。但是，教师之'教'，其对象不是农田里一行行等待被浇灌的禾苗，不是工厂流水线上按模具统一制作的产品，而是主体性存在的人。所以，我眼中的'教师'，是时刻以学生的主体性存在为依归，并要以高标准的师德要求自己。"

数载军都春，一生法大行

从最初的意外而来，经历了青涩的本科时光，也度过了需要坚定毅力的研究生和博士阶段，到最后成为一名经验丰富、学识渊博的教师，对张劲而言，人生每一个重要的身份转换都与法大息息相关。"从1990年上大学，到今天已经三十余年了，我的生活和工作、师友和学生、记忆和情感都和法大紧密相连。所以，法大对于我个人的构成性意义，是无论怎么强调都不为过的。"而作为一个在法大学习生活的过来人，现在的张劲重新审视自己的本科阶段过后，也留下了自己的感悟。"本科阶段要培养哪些品质和能力，其实很难标准化地归纳。事实上，对于不同的人、不同的学科，也有不同的侧重。但无论如何，培养自己阅读的习惯并提高自己的领悟能力都是很重要的。我觉得，从大学开始培养自己终生阅读的习惯很重要。在阅读中，提高自己独立思考而不人云亦云的能力，是阅读的真正进阶；在独立思考中，具有一定的审慎和体谅而免于偏执，是思考的真正成熟。"

不论是情感上的牵挂还是于地域的熟稔，又或是学子对自己母校的归属，都让张劲在留任法大开展老师工作的时候感到了一丝轻松，"'学生'和'老师'身份，我觉得无需转变，也无需去适应"。以法大学子出身，又将自己毕生所学传予后来的代代学子，还能在已为师者的长久日子中保持着一颗求知的学子之心，始终学习、始终进步——其中的传承意义，张劲认为是担在自己身上的责任。

"四年四度军都春，一生一世法大人"，是刻在每一个法大人心中最为炽热的誓言——法大因何留在这些人心中？又因何吸引着无数怀抱法治之业的人付出不懈努力只为来到这里？其实理由有很多，也正如张劲所言："法大是一所位置相对偏远的学校，却能吸引一代代优秀学子，离不开法大的优良传统。我想，这些传统包括赓续自钱端升先生的开放包容的学校精神，包括一代代法大人推进共和国法治事业的始终如一的热忱，包括法大人在一次次法治事件中的仗义执言。"

最后，张劲也表示，在法治事业对国家发展的作用越来越明显和重要的今天，希望每一位致力于投身法律行业的学子都能保持和坚守自己的初心与信念——"对中国法治的进步，要有信心。"

周 果

热爱可抵岁月漫长

文/朱晓悦　张嘉琪

　　周果，本科毕业于北京邮电大学计算机学院，后在中国科学院计算技术研究所获得博士学位，2017 年来到中国政法大学法治信息管理学院任教，担任法大计算机教研室教师。他的授课风格别具一格，经常尝试另辟蹊径，尽量使课堂效果实现最大化，于 2021 年获评第九届"最受本科生欢迎的十位老师"。

遇见法大——心之所向，素履以往

　　提到"计算机"专业，你的脑海里蹦出的是怎样一幅画面？是写字楼里深夜伏案敲击键盘的"码农"，是专业赛事里一目十行扫视屏幕的天才少年，还是电影中睿智沉稳的超级黑客？但这些，都很难与面对我们采访时满脸笑意、急忙起身安排座位、贴心准备饮料招待我们的周果老师联系起来。

　　提及当初选择高校教师行业的缘由，更多缘于周果性格里对自由的偏爱和对更广阔的发展空间的向往："我不喜欢按照公司节点完成任务，也不希望做事情被别人的进度影响，从事教师行业我可以有更多属于自己的时间创造更大的价值。"而周果也的确对自己的创新想法和有趣的点子加以利用和实践，做出了很多受学生欢迎的教学视频和各种有趣的表情包。

2017 年周果初到法大时，法大并没有开设相关的 C 语言和 Python 课程，基于当时的课程设置需求和自己对编程的"偏爱"，周果加入了最初开设编程课的教师队伍中，成为其中的一员。然而由于那时候的周果还不是人气爆棚的老师，也由于同学们对编程固有的偏、难、怪印象，大部分同学不敢选相关课程。

"大家肯定是更喜欢多媒体啊，既好学又实用，很多同学是选多媒体失败后不得已选择了编程。"提起最初开设课程时的"人口凋零"与"人心涣散"，周果毫不避讳地调侃着自己的开课"惨状"，但"自嘲"的背后却是如今课程广受好评带来的满满底气。而这些也离不开最初的探索与起步的付出："法大毕竟以社科专业为主，大家对理工类课程接触得比较少。我们也了解大家的情况，所以课程进度比较慢，讲课的过程中我们也在慢慢改进，中途没有同学后悔对我们是很大的鼓励，这个课程是老师和同学一起努力的结果。"

亦师亦友——教学方面要严格，日常像朋友一样交流

也许是因为干净的气质，也许是因为帅气的外表，也许是因为格子衬衫出的随性洒脱的性格，也许是因为幽默讲课风格的圈粉无数，周果有了自己的独家称号——"果果男神"。

当被问及对"果果男神"称呼的看法时，周果露出了笑容，带着一丝满足说："其实我很喜欢这个称呼，这说明我和大家的距离不远。这样在讲课的时候，大家有问题就敢于反馈，教学效果就更好。"原来，轻松愉悦的课堂氛围不仅是周果老师的真情流露，也是服务课堂效果的煞费苦心。

除了授课风格的别具一格，在授课方式上周果也尝试另辟蹊径。因为在教学实践中发现许多讲课内容要重复好几遍，在一堂课上并不能实现效果的最大化，周果设想了一种教学模式：在课前录播视频讲授主要知识点，课上针对课前知识点做专门练习，并配合现场讲解帮助同学们领悟视频内容。恰在此时，突如其来的疫情使得线上教学成为大势所趋，周果也刚好在这个节点做了理想中的尝试："做了一套视频还挺受

欢迎。我的学生还传给他外校的同学看，他同学的反馈也很好。"取得了初步成就后，周果没有故步自封，而是趁热打铁，为了让大家听得更舒服一些，周果在视频录制形式上下足了功夫。

因为平时就有刷 B 站的习惯，周果对很多 up 主的不同风格都很熟悉。而打定主意要做一套尽善尽美的视频后，周果在做视频时也尝试借鉴 up 主们的视频创意。"自己本身就有些'非主流'——这个年纪整天还刷 B 站、刷贴吧，也因为我保持年轻的心态吧，所以视频做得还是蛮成功的。"采访中，周果多次提到自己心态上与年轻人的融入。也由于视频的有趣与用心，即使疫情过后恢复线下教学，很多同学还是会在期末复习时通过视频回顾知识。

当然，课堂只是周果施展拳脚的一方舞台——展现他的幽默风趣与专业知识，他在这个舞台上活跃着、参与着，却又不局限于这一方小天地。课堂之外，他也毫不吝啬他的热情与随和，把自己的人生经验与心得分享给学生，帮助他们更好地成长。周果曾经参与过以青年教师为主体的师生交流活动——师生咖啡时光。在那次活动中，看着同学们在大学生活里的无所适从、焦虑茫然，他似乎看到了很多年以前那个初到帝都，面对五光十色的大学生活而眼花缭乱、不知所措的自己。

周果大一的时候也很迷茫，不知道什么是适合自己的学习方式，虽然学习也很用功，却更像是一种无用功，第一学期成绩很差。但通过和同学的交流、与老师的沟通，他逐渐学习到了一些备考技巧，取得了好的成绩。"大一同学的迷茫其实很多都是时间规划问题，虽然我能把建议给到大家，但关键还是要靠自己去调整。"

幽默风趣的语言风格、与同学轻松愉悦的相处氛围、干货满满的教学课堂……这些元素发生化学反应，最终促成周果获得"最受本科生欢迎的十位老师"奖项。

虽然亲其师有助于信其道，但也有可能会造成对知识的倦怠与松懈。老师与朋友的身份有相似之处，又不可混为一谈。师者，学生多怀高山仰止之情；友者，同志以亲近、平等之姿处之。而如何把握好两个角色转换的时机以及每个角色扮演的尺度，是每个老师都会思考的问题。对于这个问题，周果也有自己的答案："教学方面要严格——对待考试、作业、学习的标准不能松懈。但在课程之外的平常聊天，我希望和大家像朋友一样去交流。虽然我年龄比大家大，但我中学时候就有看贴吧、A 站的习惯，现在会刷 B 站，因此接收的信息和大家差不多，彼此的梗也都是共通的。我也会去同学们经常浏览的留言板里逛，像'小石桥、万能墙、不羁，然后在上面看一些对自己的评价，看到同学们喜欢，还挺受宠若惊的。"周果在采访中再一次表露了对自己年轻心态的自信。

探索"科技 +"——星辰大海，未来可期

可视化是指利用计算机图形学和图像处理技术，将数据转换成图形或图像在屏幕上显示出来，再进行交互处理的理论、方法和技术，"世界皆可爱，万物皆可视"，周果对可视化有自己独特的情感。他读博士时候的研究方向就是可视化，从教学角度来说，图形图像是很好的手段。

周果有自己的公众号，常常在里面发布一些有趣的文章，以幽默的语言来讲述知识，以此来引起学生的兴趣。周果公众号的文章文风幽默，讲解清晰明了，编程的教学会将过程全方面展示出来，让学生很容易理解，有兴趣学习，他以简单的方式来讲述复杂的内容，引人入胜。

周果一直在为将计算机技术与其他专业课程更好结合而努力，当被问到专业间相互结合的见解时，周果提到，法学和计算机的结合有很重要的应用，中国计算机学会成立计算法学的分会，主要的目的就是引导计算机技术和法学的融合。现在法律上也会存在同案不同判的问题，还有关于裁判文书的推荐和检索，检索类案人工做不仅效率低，还可能有疏漏，若是采用信息检索技术，可以帮助法官检索得更快、更准确，由此可见计算机技术与法律结合的必要性与可行性。

不仅有过硬的专业素养，周果课堂上对各种吸引同学们的"梗"的应用也是得心应手，"梗"是与课堂内容结合的，如果不认真听讲就会错失很多乐趣，这也促使同学们时刻专注于授课内容，同时收获到知识与快乐。周果讲课有自己的节奏，时快时慢，碰到比较难的内容就会

放缓速度并加一些"梗"，这样的节奏对周果自己和同学们都是比较适合的上课状态，在此一些灵感迸发产生的"梗"也成了课堂上的欢乐源泉。

谈到对同学们的期望与寄语，老师想到在期末时候看到同学们的朋友圈，常常看到"复习不完了头发掉光了""渗透复习法""睡觉复习法""期末刷夜""有法必医"等字眼。周果认为，这种方式不会令人享受到学习的快乐，为了考试去学习是没有意义的。一定要尽可能去发现自己的兴趣，人最幸福的就是能做自己喜欢的事情，把它作为职业生涯的一部分。如果像现在这样被动接受，学习只是为了刷绩点，可能这样会过得有点无聊。"防止被学习伤害的办法就是先伤害它，消除恐惧的最好办法就是变成恐惧"，周果祝法大学子都能且随疾风前行，享受到学习的快乐，热爱可抵岁月漫长。

秦奥蕾

做知识的"转换器"

文/张嘉琪　朱晓悦　潘云凯

秦奥蕾，法学博士，中国政法大学法学院宪法学研究所副所长，教授，博士生导师，中国政法大学地方立法与政府法制研究中心主任，北京市第三届政府立法专家委员，中国宪法学会理事，北京航空航天大学备案审查制度研究中心研究员。曾获第四届中国政法大学青年教师教学基本功大赛一等奖、第五届北京市高校青年教师教学基本功大赛一等奖、北京市第四届青年教学名师奖、中国政法大学首届青年教学名师奖、北京市教育工会教育创新标兵，于2019年获评第八届"最受本科生欢迎的十位老师"。

选择教学之路

"是我很想活成的样子。"

"干练的女老师，有些骄傲，但我很喜欢。"

利索的短发，白皙、干净的皮肤，黑色眼镜框修饰着学者的睿智与淡然，磁性的声音里透着为师的严谨与庄重——这是上过"宪法学"课的同学们心里的秦奥蕾老师。

有同学说，秦老师天生就是当老师的料，她讲课时自信的气场让你从心里信服她治学的严谨，利落的咬字让你不自觉地追随她对宪法的执着。然而，课堂一座难求、获得第八届"最受本科生欢迎的十位老师"

称号的"奥蕾姐姐"却并不是一开始就立志做老师的。

"对于我来说，选择从事学术研究和教学科研的工作是一个比较偶然的事情，因为在我开始博士学业之前，没有考虑过从事教师行业。"带着一丝淡淡的笑意，秦奥蕾"坦白"了自己当年的择业心路。

像是一粒种子在幼时深埋，然后经年累月沐浴阳光，浸润雨露，吸取肥料最终长成大树借人乘凉。她的选择可以说是无心插柳，也像是命中注定。

据秦奥蕾说，很难回忆具体是哪位老师的哪句话影响了她的职业选择。从小学到攻读博士，一位又一位的老师就像接力一样，把她从一个幼小的受学者培育成可以用自己的专业能力完成创造性工作的人。而那些老师们，尤其是她在就读博士阶段的导师，他们对于宪法学的理解、应用，从教学科研到社会服务、到参与国家立法，在这些工作中所散发出的专业智慧、人格光芒都感染了秦奥蕾，让她深切感受到，高校老师可以培养人、影响后学、服务国家与社会，是很了不起的职业。

"我欣羡每个平凡而有光的人。老师们工作时候发出的专注而智慧的光深深吸引了我，追随他们我走上了这样一条道路。"正因得益于老师的熏陶，秦奥蕾十分明白薪火相传对于教育者的意义：在培养学生的工作当中，一位老师的一句话、一件事可以影响学生的一生，使他们变得更好，所以她一直努力做推动另一朵云的云、唤醒另一个灵魂的灵魂。

适应教师身份

现在的秦奥蕾是一学期开一门宪法课、场场爆满的"人气老师"，是面对 500 双求知若渴的眼睛而能不易其自信从容的"奥蕾姐姐"。但是多年前，初入法大的秦奥蕾也有着与其他青年教师别无二致的青涩。

那个时候的选课机制还不是全校公选，老师们会被具体分配到哪个学院哪个班。秦奥蕾现在还清楚地记得，她的第一节课是给国际法学院的某个班级上的，她能明显地感觉出学生对她的能力和知识水平持有一种半信半疑的态度。"我就像个小'菜鸟'。"秦奥蕾笑着自嘲道，"上

第一节课时我还是很紧张的，心里老在想我准备的材料够不够，会不会半路就讲不下去了"。

刚入教职时，备课对于秦奥蕾来说并不轻松，她会花费很多时间去准备内容，然后调试课堂的效果，观察学生的反应，每次下课都如释重负。正是在这样的环境里，她从一个稚气未脱的法学博士一点点观察、适应、领悟、成长，学着如何做自己、做更好的自己。

"我记得有一个学生跟我说，秦老师你知道吗，我们法大的学生是很厉害的！"秦奥蕾回忆那个学生的话时，没有丝毫不悦，有的反而是对象牙塔里的学生"初生牛犊不怕虎"的理解。"他当时跟我说这句话时，我在想：啊呀！我也挺厉害的。"说这句话时，秦奥蕾似乎也回到了当年那个同样骄傲满满、踌躇满志的年纪，活脱脱一个不服输的小姑娘。

初登讲台，三节课讲下来，秦奥蕾的嗓子又哑又干。当她匆忙收拾好书本，准备离开教室时，有个小姑娘送了一瓶矿泉水给她。这个举动对小姑娘来说可能非常普通，但却在她的心里烙下了温暖的印记——因为那是对她精心准备的第一堂课的认可，对她在"传道授业解惑"这条路上前行的鼓励。

"这个小姑娘叫孙燕春，现在应该在学校做行政工作很多年了，她是我的第一届学生。"直到现在，秦奥蕾还记得那个学生的名字，还惦记着那个学生后来的人生走向，因为她给了秦奥蕾作为老师第一次被学生反馈的温暖。

当被问及是如何逐渐适应教师的角色时，秦奥蕾长舒了一口气，像是总结，又像是回忆："要是让我说的话，就是真诚努力地去做更好的自己，时间会让你体悟到很多，就是这样简单。"

"我现在讲课也会很累，但是跟那个时候不一样，虽然会每年都更新讲义，但是对整体的内容框架是非常熟悉和清晰的。今年教务处安排我在中国大学慕课上开了'宪法学'这门课，借着这个机会我对宪法学教学工作做了系统梳理和更新，耗时耗力却功不唐捐，发现虽然讲了十几年宪法学，但我还可以成长。"

十几年的时间过去，岁月也把璞玉打磨成了饱含时光温度的温润美玉。抱着这一种"传道授业解惑"的教学方法，慢慢地，秦奥蕾从几年前"最受本科生欢迎的十位老师"的提名候选人变成了获奖者，从最初上班车时被要求出示教师证到现在和班车师傅混了脸熟。"慢慢有了更多的自如和从容，觉得这个校园是我的了。"秦奥蕾和法大，已经相互习惯了彼此，适应了彼此。

成为真正的教师

成为一个好教师，首先要面对的是一种从学者到师者身份的差异："当然不一样，为学虽然也泽及他人，但主要是为自己；为师是为他人，这是最大的不同，后者更需要责任感。"

提起这种差异，秦奥蕾几乎脱口而出，她深知自己的所言所行会带给学生非常大的影响。作为教师，当站上讲台的那一刻，个体就不再是个体本身这么简单，对此，秦奥蕾笑称："这感觉就像是写一篇论文跟写一本教材的差异，一篇论文写不好，别人顶多说这个人学术水平不好、论证能力不行；要是写一本教材，瞎说、胡写那意味着什么？意味着误人子弟。"

为师具有更高的要求、更大的责任。老师们也不是从进入的那一天开始，突然间就学会怎么做老师了，做老师是一个不断体悟、不断思考、不断成长的过程，教师也在路上，跟学生们共同走过繁密的森林、汩汩的河流、浩瀚的戈壁……在不知不觉中下自成蹊。

每当谈起秦奥蕾，同学们总会说她的课堂生动有趣，每一个跳动着的声音都是对故事娓娓道来的讲述。语言在秦奥蕾这里从来不是工具，更像是一种艺术。"我对语言有更高层次的要求，不仅要简单清楚，还要能够共情。"秦奥蕾的语言十分生动，无论是上课还是生活，都不愿变得呆板或沉重，"努力把深入的内容以明白好看的方式呈现出来，这是一个老师应有的技能"。

秦奥蕾认为在教学中，"问题意识"也十分重要，只有把问题呈现出来，学生才会追随着问题进入学习的过程中。如果学生意识不到这个问题的价值，甚至说没有认识到这里存在一个问题，效率就会大打折扣。如何让学生跟着自己的语言进行下去，是她常常思索的问题。

教师在某种意义上更像是一个"转化器"，把外面的东西接收进来，用自己做容器发酵，然后做一个有效的转换，让学生能够充分明白地接收。这种转换的技巧需要语言的天赋，但是更需要时间理解和沉淀。秦奥蕾谈到此处，不免笑称："就像做饭，一些经年的主妇做的菜看起来很简单，但味道却不可方物，为什么很多时候新手不行？凡事时间和经验的意义不可取代。"

从老师到学生，从书卷中的知识到说出口的语言，秦奥蕾确实像一个转换器一样，受惠于老师，又努力惠及更多的学生。将丰富的学识、平和的心态、乐观的态度，以及那份对宪法学的坚持与信仰，继受、消化、体悟、传扬。

席志国

课堂之外　学术之上

文/尤梦羽　邵莹婷

席志国，中国政法大学民法学博士，民商经济法学院副教授。主要研究领域：物权法、债法、民法总论。独著与合著：《中国民法总论》《中国物权法论》《物权法法条详解与原理阐释》等专著10余部，主编或副主编《房地产法》等教材10余部。席志国关爱学生，深受学生喜爱，于2017年获评第七届"最受本科生欢迎的十位老师"。

除了教师和学者，在席志国的生活中，他还扮演着很多角色——走下讲坛，他是学生们的家长，也是同学；离开书桌，他是法律的传播者、国家法治的谏言者。课堂之外，学术之上，席志国不是天才也不是斗士，他以独有的方式坚守属于自己的法律哲学。

法学教育是正义的乘法

席志国今年的债法课开设在明法楼308教室。

教室不小，上课后却坐得满满当当，走道中间还摆满了同学们蹭课用的板凳。一个上午，他要上满两大节，也就是五小节的课。因为有上下课的同学出入，两大节课之间的308门口非常拥挤，但却有序，要进教室的同学安静地让开一条通道，等教室里的同学离开再进去。

　　这样首先满足选上课的学生的座位需求，大多数蹭课的同学则要坐板凳的方式，是席志国的无奈之举。在班级微信群里，他也曾多次向同学们表示了歉意。但即使排了座位表，席志国的教室里的学生也不见少，依旧是座无虚席。课间的席志国端起水杯，见有学生上前，又将水杯放下，去解决这些年轻的大脑中迸发的问题。席志国的课堂火爆，与此同时他想教授给学生的远不止民法知识。

　　席志国的"好说话"在学生中是出了名的。只要没有课程或科研任务，席志国会出席学生邀请他参加的每一个讲座或沙龙。学生因为创新项目或毕业论文来找席志国时，他几乎是有求必应，课后与学生讨论问题直到食堂门口的情况也时常发生。

　　在"最受本科生欢迎的十位老师"颁奖典礼上，席志国把这种关怀叫作传承，"因为我的老师和老师的老师都是这样做的，我，也要像他们一样去做"。他不愿自己是一个下课便扬长而去的、高高在上的教师，正因为曾感受过老师的温暖，席志国深知这种关怀对学生的重要，"如果他的老师拒绝了他，他当了老师以后也会拒绝学生的"。

　　但日后成为教师的学生毕竟是少数，席志国不仅希望能把"关怀"传承，他更希望"正义"可以被传承。而这份"正义"的传递正是他作为法学教师最深的愿望。

　　"如果自己当法官，我一辈子写一万个案子，只能行使一万个正义。但如果我是一个老师，培养一万个学生，每个学生实现了一万个案子的正义，那又会是多少正义。"这是属于席志国的正义的乘法，也是法学教育应秉持的正义乘法守则。

不拘一格地去学习

　　今年七月的夏季小学期，席志国并没有闲着，不过并非忙于授课，而是听讲。"德国民法（一）""德国民法（二）"是分别由两个德国教授开设的为期两周的课程，这两门课席志国无一缺席。因为教室小，大多数时候席志国都坐着小板凳在教室的后面，和慕名来听课的学生坐在一起。

　　"老师不一定就比学生强吧？不一定跟学生坐在一个课堂上就没有价值和意义吧？"席志国笑道。在他看来，学习就应该是不拘一格的，收获新知的喜悦比什么都令人满足。

　　但不拘泥于形式并不意味着技巧和捷径，反而是更多的黑夜长路漫漫求索。

　　进入法大后，席志国很快就确立了自己的目标——做一名法学教师。目标明确，他的大学安排就非常简单：考上研究生，然后考上博士，"没有再想别的，就在这一条路走下去"。

　　在 90 年代末，全国有民法硕士点的大学只有五六所，中国政法大学是其中一个。当时法大的民法研究生计划招收 13 人，7 个自费生，6个公费生，席志国的目标便是法大的民法学公费研究生。席志国的同学中不乏中国法学生的佼佼者，教学资源也比现在少得多。"教学楼 ABC段，其实就一栋楼拐了个弯。然后图书馆只有一个，资源非常少。我们学习就限制在这么一个地方。"席志国回忆到。当时对研究生的要求也不同于今天，对课外阅读的要求极高，如果没有相当的阅读积累，不能够对你所报考的领域深刻了解，在考研时便无法胜出。"（考研）很苦。我唯一的优势就是努力。"席志国制定了极其严苛的作息，五点起床占座自习，晚上熄灯后，再点起蜡烛继续学。没有娱乐，没有节假日，这就是席志国大学生活的日常。

　　除了对法学知识的汲取，席志国也不忘完善获取知识的工具。德语和法语是席志国在大学时期学的二外。法语是他在大学本科学的，本科生院没有外语系，席志国便坐班车去海淀听外语系的法语课。读博士时，席志国开始学习德语，不限于为博士生设置的二外选修课，席志国还利用周末去北京外国语大学报德语班"加餐"。

　　直到今天，席志国仍未对自己松懈，但作为一名父亲，他还要照顾家人，教育孩子，学习的时间不免少了些。回忆起大学时代全心浸泡在课堂与图书馆的日子，他有些怀念，"那个时候不需要考虑这些，一切时间都去学习"。

"为万世开太平"

成为一个法学教育者不是席志国步入大学后才确立的目标，这从他的孩童时期便初见端倪。席志国出生在内蒙古的一个小城，小学时他开始对警察和教师这两个职业钟情，一个惩恶扬善，一个教书育人。考上法大后，席志国找到了一个更适合自己的位置，法学教师。既是法律职业人，又是教师，这对他而言再理想不过，所以，成为一位民法教师之初，席志国对自己的定位就不只是一个教育者，更是一个法律人。

席志国对民法的情有独钟要追溯到他的第一堂债法课。

当时法大的民法课程安排和现在一样，先学民法总则，之后才是债法。刚刚接触民法的席志国有些懵懂，民法总则的期末考试他只拿了76分。但下学期李永军老师的债法课重塑了席志国对民法的认识。"那时李老师的课堂里面水泄不通，像演唱会一样。"描述当时的债法课，席志国还用了"盛世"这个词。李永军老师的人格魅力使得课堂火爆，也在悄然改变着讲台下一个少年的命运。那一年的债法考试，席志国拿了94分，是老师所能给出的最高成绩。法学世界被李永军老师点亮，前路对席志国不再是一片迷雾，他的心中逐渐明晰。

民法的精彩在他面前铺陈开来。在席志国心中，民法是所有法律科学中最具科学性、发展得最完善的学科。上溯自两千年前的罗马法，涵盖了世俗生活几乎所有领域，民法的古老与广博让席志国着迷。但与魅力相携的往往是挑战，民法的逻辑性、哲思性，还有庞杂的知识体系都在考验着一个法科生的专业水平和知识储备。席志国被民法的魅力吸引，但却是民法所能带来的挑战激起他的热血。尽管选考民法面临淘汰的风险极大，席志国毅然选择了这个撞进他心底的学科。

最近席志国正在参与一个法大版债法草案的起草，他称其为一件"明知不可为而为之"的事儿。在法大的民法学者眼中，法律科学要求有一个统一的债法，但这并不为今天的中国法治所采纳。"但五十年后，法大的东西会被承认。"席志国认为，经典的事物是要为历史所认可的，不是为眼前的东西所决定的。他谈论着债法，谈论着民法典，像将军谈论着下一场战役，铁马金戈，不以山海为远。

央视一套《今日说法》有时会邀请席志国去录制节目。有人批评过，说法学教授应该专心做学术、专心教书，不应该拍节目上电视。与这些舆论观点恰好相反，席志国非常重视节目的录制，"这么高的收视率，说明它对中国法治宣传是非常重要的。如果没人可以正确地评价案件，或是评价错了，会使老百姓对法律的理解走入误区"。所以席志国一般会在节目上选择一些有争议的，容易被人错误评价的案子来讲解。录制节目不是为了收割掌声，也不是攫取名利。"我要去实现一个'拨乱反正'的目的。"他说。

国家的法治建设、国民的法律意识是挂在席志国心头的两件事。在准备赠给学生的《法律行为论》扉页，他写下张载的句子，"为往圣继绝学，为万世开太平"。为万世开拓太平之基业，这样心系疆土的壮怀与使命感，席志国从不曾放下。

赵珊珊

比热爱多一点敬畏

文/葛 莹

赵珊珊，中国政法大学刑事司法学院副教授，刑事诉讼法学研究所副所长。德国慕尼黑大学 L. L. M，中国政法大学法学硕士、法学博士，中国人民大学法学博士后。她爱校如家、钻研教学，是和学生亦师亦友的"珊珊姐"，于2017年、2019年获评第七届和第八届"最受本科生欢迎的十位老师"。

热爱的力量能有多大？它能支撑着一个女孩一路求索、积累学识，终于站上梦中的讲台；它能引领着一位教师爱校如家、钻研教学，成为和学生亦师亦友的"珊珊姐"。在高校青年教师面临着更多挑战的当下，她用对课堂的高度负责、对学生的真诚关心，践行为人师表的责任。同学们并不叫她"赵老师"，而是会用"珊珊老师"的称呼，把她和其他"赵老师"区别开来，或许这正是她的魅力所在。她说："只有常怀对教学事业的敬畏之心，才能踏踏实实前行，当好同学们的领路人。"

岁月荏苒，时光淘洗出收获。从2014年12月开展校内学院级初赛到市级比赛落下帷幕，第九届北京市青年教师教学基本功比赛的层层选拔持续了整整6个月。伴随着比赛画下圆满的句号，法大青年教师斩获文史A组一等奖、二等奖。除此以外，赵珊珊老师获得最佳演示奖，顾凡老师获得最佳教案奖、最受学生欢迎奖，刘玫老师作为指导教师获得优秀指导老师奖。提到自己比赛的成绩，赵珊珊笑着说，比起比赛，她更为看重日常授课，因为比赛关乎的仅仅是名次，授课却关乎着同学的学习和未来。比赛的战线比想象中要长，她本学期带了本科生和研究生多个班级共 400 多人的课，比赛的内容都是参照平日的教学内容加以准备的。取得一等奖和最佳演示奖，想必得益于她对待每个课堂的认真与负责。她说，得不得奖不是最关键的，做好大家的"珊珊老师"和"珊珊姐"，才是她最开心的事。

想成为钢琴家，就要苦练千万次指法

赵珊珊与法大的邂逅，发生在 1998 年夏末，她成为当时国经系的大一学生。她曾担任过国经系的学生会主席，积极参与演讲、主持等活动，度过了充实的大学生活。2002 年，作为法大第一批留校保研的学生，赵珊珊进入了中德法学院攻读硕士学位。研二赴德深造，回国后继续学术之路，直到结束博士后研究，而后，心系法大的她终于登上了母校的三尺讲台。

念念不忘，必有回响。提及为何想成为一名大学教师，赵珊珊谈到了自己的三种情结。第一种情结是对教师职业的向往。在来到法大之前，她一直期待能成为一名幼师或中小学老师，与可爱的孩子们在一起。进入法大之后，随着对专业学习的深入，赵珊珊逐渐萌生了对法学的浓厚兴趣，喜爱上法学的同时，她更发现大学教师在自身学识、教书育人方面的魅力，发自内心地渴望加入大学教师的队伍。这份职业理想带动着她走出国门、读书深造。第二种情结是对法大的深情。赵珊珊对法大，不仅仅是喜欢、不仅仅是留恋，更是放在心尖上的珍视。她在法大遇到了诸多对学术有理想、有追求，对学生真心帮助、有责任感的恩师。工作之后，她惊喜地发现自己身边有很多对教师职业充满热情的同事。他们会帮学生把论文改上多次，从思路结构到标点脚注，细心至极。他们更会尊重学生的每一种想法，花大量的时间与学生交流，从治学之道到人生轨迹，知无不言。这样的氛围让赵珊珊愈发渴望在法大的怀抱里待得久一点、再久一点。第三种情结是对学生的喜爱。与学生们共度校园时光，帮助他们进步与成长，赵珊珊享受着这种单纯的快乐。

"读书学习也有很辛苦的时候，但想到是为了具备大学教师的基本条件而努力，就坚持了下来。想成为钢琴家，就要苦练千万次指法。"这样说着，赵珊珊回忆起自己的求学历程。研究生时期苦学德语，回国后坚定地考博，在博士后阶段，她已经可以协助导师带博士生的课。当时带的课虽然仅是每周一次，她却每天都在想怎样针对课堂进行选题、怎样组织大家发言、怎样设计提问、怎样鼓励同学们互评。一边读书一边照顾家庭，这对任何一个女性来说都是巨大的挑战，但在这些过程中，赵珊珊一直保持着她的正能量。在与她的接触中，我们能随时随地感受到，她对待学生、对待教学的充沛精力：本学期给三个班开课，同时还要准备自己的教师基本功比赛、指导学生参加论文竞赛等，她没有因为这些事项乱了阵脚，而是在热爱的岗位上乐此不疲。

因做学生们的"珊珊姐"而幸福

每位同学的求学生涯都会有若干位"赵老师"，而只有"珊珊老师"是独一无二的，更有很多同学的通讯录的备注是"珊珊姐"这样一个亲切的称谓。

实际上，当初刚刚走上教学岗位的赵珊珊总是激动又紧张，不知如何拉近与同学之间的距离，每次上课前都要在脑海中反复演练课堂的情景。那时的她也会担心出勤率、会担心同学们能否接受自己的讲解。随着时间的推移，她用心体会着每一次课堂，常常换位思考：若是自己作为学生重新经历一遍课堂，会希望怎样的课堂学习。并且，赵珊珊会在每堂课后找同学聊天，听同学们对本节课的反馈，了解他们喜欢的课堂互动方式。"会在同学们意见的基础上，结合自己的思考，有选择地听取。"她认为强迫同学们参与课堂或者让课堂成为嘻哈包袱铺，都是在用形式掩盖教学内容的实质。她希望自己的课堂活泼而不失充实，能真正帮助同学们掌握知识。赵珊珊曾在学业上得到了法大很多优秀老师的帮助，她希望将这种情结传承下去，多与同学们交流自己的经历与体会，将相对前沿的东西带入大家的视野。

当问到教学工作带给她怎样的满足感时，赵珊珊开心地说："曾经从一位辅导员老师那里听到，有同学告诉他，在珊珊老师的课上找到了学习法学的感觉，这种不经意间的肯定比让我得金奖还开心！"为人师表，她最想做精神上的富翁，于是才有了重点突出的课件、精心挑选的案例和针对性强的内容安排。为了调动学生参与课堂的积极性，赵珊珊花了很多心思。她会将书作为奖品发给积极发言的同学，越来越多的同学开始积极参与课堂、对学习产生兴趣。18周的课程总会告一段落，"珊珊姐"却走进了同学们的心里。

除了任课教师，赵珊珊还有着另一重身份——刑事司法学院2013级2班班主任。班主任者，主班内外，任重道远。除了按照学校本科生班主任管理办法的要求按时参加班会、与学生谈话，她还会从自己授课的高年级班级中，邀请学习方法较好的同学来到自己班级进行经验分享与交流；会在每个学期期末大家准备考试最辛苦的时候，给班级同学发水果，让同学们备考的心情变得舒畅。真正的关爱出自细节，因此，同学们会情不自禁地称呼她为"珊珊姐"或者"珊珊老师"，亲切而随意。

"珊珊老师是亦师亦友般的存在。第一，她对同学非常热心又有耐心，从她身上能体会到真真切切的师生情；第二，她虽然很年轻，但教学功力深厚，能将课程讲得精彩；第三，除了课业方面，在与她平日的接触中，也会经常得到启发。"民商经济法学院2012级的刘云哲同学一边这样说着，一边回忆起赵珊珊对她的帮助。刘云哲是当年学校学术十星论文大赛的获奖者，她从大二开始尝试撰写学术论文，得到了赵珊珊很多指导，论文中每一处批注都印证着赵珊珊的细致与耐心。此次参加学术十星论文大赛，赵珊珊给了刘云哲很多鼓励，指导的电话一打就是半个多小时，从初审论文的标题、格式、标点，到复试的模拟问答，对细节的追求让刘云哲感动又温暖。而在赵珊珊心中，拥有同学的信任，能为他们提供指导与帮助，是她桃李不言的师者之心。

比热爱多一点敬畏

为人师者，"传道"为本，"授业"为重，"解惑"为佳。每个人都需要站上戈夫曼拟剧论中的角色舞台，在赵珊珊看来，青年教师站上讲台，拿起粉笔，就已经将学生学业的一部分担负在肩。她因热爱和喜欢成为一名大学教师，更要用敬畏之心在教学之路上精益求精。在赵珊珊心中，大学青年教师正处于职业能力的吸收阶段，对学业应常怀敬畏之心，才能有继续自我提升的空间；对职业常怀敬畏之心，才能让责任范围内的事情日趋完善；对学生常怀敬畏之心，才能教学相长共同进步。在初登讲台的日子里，她曾用录音笔录下自己讲的课，课下回放、总结、反思。当下，她仍坚持着一些教学习惯。比如，下学期要上的课一定会在假期结束之前将课程体系和教学内容全部准备好；第二天上课的内容会在前一天再次核对；课后的下班路上会思考本次课的实际效果与预想的差别及原因所在。赵珊珊说："比热爱多一点敬畏，面对课堂，有适时适度的'紧张'就对了。"此处的"紧张"并非与"从容"对立，而是代表着为人师者对教学工作的尊重与重视，对学生的在乎和关注。

优秀的教师常常曾经是优秀的学生，因为他们能够换位思考、高度共情。回顾自己的求学生涯，赵珊珊对当下大学生最需要的课堂有着自己的理解。"在自媒体时代，大学教师需要去挑战很多东西，首要任务是与学生的手机争夺注意力。"她认为，只有实行"比穷尽更穷尽"的原则，比学生接收更庞大的信息量，并针对课程内容有选择地筛选运用，才能有效增强同学们对课程的兴趣，放下手机和iPad，抬起头来认真听课。

对待事业，不能停止耕耘，更不能停止思考。赵珊珊在授课的过程中体会到，在法学教学体系中，应坚持重者恒重，因人制宜，有的放矢。青年教师可以尝试教学创新，但不应偏离既定的方向。同时，根据课程的受众不同，教学方法和内容也都需要做出调整，"一本教案用万遍"不仅于教师无益，更会耽误了学生。对于本科生而言，首要是基础的教学。法律学习无捷径，无论国内外，教师都会要求本科生把法典吃透，把基础夯实，才能有更高层次的研习和讨论。于是，如何让同学们在轻松中接受相对"枯燥"的基础，营造活泼有序的课堂氛围，需要青年教师们花费更多心思，进行更多尝试。

"特别想对同学们说，要参与，要思考，要自主，不要在课堂上当胆小鬼。"赵珊珊回忆起，在德国学习期间，课堂前排坐着的往往都是欧洲的学生，他们能够与老师实时进行交流，亚洲学生却总是安静的倾听者。通过对比和观察，她发现参与意识可以让人在理解和记忆方面事半功倍。因而她在课堂上设立奖励机制、用心筛选案例、展示学术前沿。赵珊珊与法大众多青年教师一起，因每一次酣畅淋漓的讲解而欣喜，同时期待着下一次更加高效的课堂。

蔡元培

播撒理想的种子

文/张嘉琪　朱晓悦　潘云凯

蔡元培，中国政法大学法学、经济学学士，北京大学法学博士。现为中国政法大学刑事司法学院讲师、硕士生导师、校团委兼职副书记，研究方向为刑事诉讼法学、证据法学、司法制度。2016年至2017年，在加州大学伯克利分校法学院（Law School，UC Berkeley）作访问学者（联合培养）。2013年获中国政法大学"学术十星"称号，2021年获评第九届"最受本科生欢迎的十位老师"。

勇于尝试——从入学萌新到榜样师兄

2009年，蔡元培考入中国政法大学国际法学院。法大是蔡元培学术种子初埋的地方，他在这里度过了四年的大学生活，完成了对学术的初探并在"学术十星"和"挑战杯"比赛中崭露头角。法大也是蔡元培学术生涯扎根的地方，自北京大学获法学硕士、博士学位回校任教后，蔡元培在中国政法大学刑事司法学院工作至今。

正是因为法大的本科学习经历，他对法大有了独特感情，对法学有了更深的认知。用他自己的话来说："四年四度军都春，一生一世法大人。虽然我们总开玩笑，吐槽'小破法'：食堂、宿舍、校园……但我们都很爱这里，希望法大能变得更好。"因此博士毕业后，蔡元培一心要到法大任教，他想快点回到这个给他播下理想种子的地方，并迫不及待地想在这里开花、结果。

荣获第十一届"学术十星"称号、同年在北京市和国家"挑战杯"大学生课外学术科技作品竞赛中分获特等奖和二等奖，乍听这些成就，眼前仿佛立马树起了一个目标明确、干劲十足、一心搞学术的学霸形象。然而，这与大学时期的蔡元培却是有些出入的。

大学时期的蔡元培也与大多数的学生一样，时常也会迷茫，而将他从迷茫的想法中拉出来的是法大代代相传的严谨学风。那时候蔡元培住在菊园的八人间，舍友们的勤奋学习很快就把他带入了紧张的学习氛围中，他慢慢意识到大学不应无所事事地挥霍青春而是要踏踏实实地努力，和一群志同道合的人共同进步。就这样，蔡元培融入了法大的学习氛围，渐渐找到了自己的节奏。

后来，蔡元培不仅在丰富的法学资源里汲取养分，还充分利用法大支持学生辅修的政策尝试探索其他专业、开阔自己的视野，并拿到了经济学学士学位。除了辅修，蔡元培也与很多大学生一样加入学生社团，并从一名新生部员做到了社团骨干。正如蔡元培当年与师弟师妹交流时说的："在没有发现你的兴趣和专长之前，最好保持全面发展。无论是读书、参加社团，还是创业，只要有机会又不冲突，就可以多去探索尝试。"

始于热爱——从求学者到为学者

"要想做好学术，我们定要做好和漫长黑夜作斗争的思想准备，否则就看不到黎明破晓这样美丽的景象。"蔡元培这样谈自己对学术的理解。而蔡元培选择法学学术研究这条路的原因也的确出于"热爱"二字。

虽然在本科期间蔡元培就已经获得了"学术十星"的奖项，但他却是在研一的时候才真正发现自己热爱学术研究并决心一路走下去。此时此刻，周围同学都忙于找工作、实习以及复习各类考试。但蔡元培却更喜欢待在图书馆里，他有时看书，有时写论文。当时，蔡元培的导师汪建成曾问他："你以后想做什么？想不想成为一名大学老师？"而蔡元培并没有立马回答老师，他继续泡在图书馆里，搬"知识"之砖。每次产生新的灵感，或者完成一篇新的文章，或者文章被某个期刊采用的时候，他都会感到由衷的激动和欣喜。

"在那一刻我就想，为什么不一直做下去呢？"初入学术之海乘风破浪取得的小胜利使得从事学术研究这个想法在蔡元培脑海里生根了。于是在一星期之后，蔡元培找到导师："老师，我想好了，我想读博士，我想做学术。"他喜爱在学术之海遨游时的那种富有创造和挑战的过程，而在这个过程中的披荆斩棘是一种不具有任何束缚的自由。知识尊重每个个体的加工和体悟，与蔡元培从事学术研究的想法相伴而生的是他的职业梦想以及求学规划："在高度内卷的'996'年代，时间是最难能可贵的。要是以后有幸做一名大学老师，就可以有足够多的时间一直做自己喜欢的事，于是我在那个时候选择了硕博连读。"

蔡元培本科就读于法大。曾经传授他法学知识的老师们，如今又身体力行地引导他如何做学术、如何站好讲台、如何教育学生。

蔡元培参加"学术十星"大赛时的指导老师是元轶和洪道德。两位老师高屋建瓴，不仅纠正了他论文中的一些错误观点，对完善论文的标题、注释也提了很多意见，传授给了蔡元培做学问的方法。在答辩前，还交代给他很多答辩技巧和注意事项。除了这两位老师，蔡元培还请教了其他老师，他们也都不同程度上给予了帮助和指点。而在创新项目答辩时和老师们产生了学术争议，这给了他新的灵感与启发。答辩完后，他认真考虑了老师们的观点和意见，又再次整合了自己的想法，重新打磨了文章，论文质量又上了一个台阶。因此，学生时代深深受益于老师严谨负责的他十分明白老师的指导和关怀对于学生成长的重要性，重回法大任教的他，也始终真诚、负责地为自己学生的论文提出建议，解答学生的问题。国际法学院 2017 级本科生李梦洁在准备'理律杯'全国高校模拟法庭竞赛时，围绕赛题中争议的焦点问题中有关"刑事证据"的问题向蔡元培多次请教。当时被老师认真负责打动的蔡元培现在又亲自践行法大人代代相传的"师道"，让学生感受到老师的温暖。在她撰写和修改论文的过程中，蔡元培总能及时回复，并逐一指出她文章中存在的"案例数据检索不足""学术用语不规范"等具体问题。

当蔡元培以"教师"身份入职法大以后，在偶尔感到教学技巧不足、学术规划无序、工作力不从心的时候，这些当年教授他法学知识的老师们，又以同事的身份伸出了援手，指导他如何平衡教学、科研之间的关系，并帮助他解决了很多现实困难。

桃李不言，下自成蹊。师生之间薪火相传的精神在蔡元培和他的老师们之间得到了很好的体现。他们传承的不仅是知识，更是一种职业使命，一种对待学生、对待教学的态度。

厚积薄发——从师兄到师长

蔡元培至今还记得自己第一次上课时候的状态："非常紧张。我第一次开课是在环阶，下面坐了两百多人，我站在前面甚至都感觉到自己腿软。知乎上有一个帖子，发帖的是一名课上的学生，他描述了我第一次开课的情形。他说我第一次上课声音都有些颤抖，上了一两周课才逐渐恢复正常。"

虽然教学路上会遇到困难，但是蔡元培选择相信自己，同时更认真地对待教学。他选择去不断上课来积累宝贵的教学经验，一开始四个课时的课程要整整备课三天，但他相信厚积才能薄发，用充足的准备来弥补经验的不足。"我认为作为老师，上课是最本职的工作，老师们可以少写两篇论文、少拿几个课题，但要对学生负责。"蔡元培老师在2018年入职法大，三年后就获得了"最受本科生欢迎的十位老师"称号，这和他对教学的认真态度是有密切联系的。

对出身法大的蔡元培而言，面对学生，师兄和老师的双重身份让他更加容易和同学们接触，更加愿意以一个过来人的身份去指导他的师弟师妹们，对于同学们办讲座、办活动、申项目、写论文的各种邀请他几乎都不会拒绝。在2019年秋季学期，蔡元培就指导了30多篇学年论文。这两年随着科研压力越来越大，不可避免地要推掉一些邀请，但最终还是参与了很多。对蔡元培来说，随着年龄越来越大，从师兄到老师的身份转变终究要完成，他准备好以另外一种身份来帮助学生成长。

追寻法治情怀——让法治理想照进法治现实

在蔡元培看来，支撑法律人在法学道路上一路走下去的，归根结底还是那一份对法律学科的自信与对法治的向往与热爱。蔡元培时常鼓励学生："法学是一门博大精深的学科，很多世界著名大学都设有法学专业。学习法学，可以和人类历史上最睿智的大师们对话。所以法学有一种厚重感，这是它的魅力所在，也是它的优势。随着互联网、大数据、人工智能等技术的兴起，一个只懂技术的人很有可能随时被机器取代，但是法学一般不会，或者至少目前不会。所以学习法学一定要沉下心来，不要片面追求短期效果，法学专业的优势在于中后期，这一点和医学很像。"一个法律人的成长就像一棵树，心里对法学的热爱、对正义的追求就像一颗种子，深埋于土壤，无声无息，却悄悄伸展，吸收充盈的营养，逐渐生根发芽，经历过风吹雨打，破土而出，在多年书籍的浇灌下成长，最终长成参天大树，枝繁叶茂，为更多人撑起一片由公平正义支撑的强壮、广阔的荫蔽。

蔡元培也承认，法学是一门带有强烈理想主义色彩的学科。正是理想和现实的巨大差距，才彰显出理想的宝贵价值。着眼现实是必要的，空谈理想是错误的，但一代代法律人正是在那个看似遥不可及的法治理想的指引下不断丰富着现实、完善着现实。

"法治如果是近在咫尺的，那么也不需要这么多人投身于法学了。"蔡元培老师补充道，话语中自然地流露出一种法治情怀。他是一个谦虚的学者，一个负责的老师，一个有理想的法律工作者。他受教于法大，教学于法大，曾经的"学术十星"获奖者指导自己的学生也获得了"学术十星"，像一路走来帮助过他的老师们一样，把他的法治情怀以及对知识的敬畏传承下去。

方　鹏

实用笃行　守望法治

文/芮宁晗

方鹏，1978 年 4 月生，中国政法大学刑事司法学院副教授、硕士生导师。北京大学法学院刑法学博士，2006 年进入中国政法大学任教。曾挂职北京市朝阳区人民检察院任副检察长。主要研究领域为中国刑法学、刑法适用方法论。讲授的课程有"刑法学总论""刑法学分论""刑法适用方法论""刑法案例研习""刑法研讨课"。自 2011 年起，连续六届被评为"最受本科生欢迎的十位老师"。

十五年春华秋实，十五年诲人不倦。从意气风发的"包子哥"到成熟沉稳的"包子叔"，始终感染着众多学子的是他灿烂明媚的笑脸与熊熊燃烧的信念。从 2011 年起，方鹏已经连续当选了六届"最受本科生欢迎的十位老师"，在与我们的交谈之中，他所展现出的种种形象，无不彰显其魅力，闪耀其理想。

他传授实用主义法学

从教十五年，方鹏对法学这一学科有了些自己的理解。"法学，首先应当是法律适用学，是一门应用法律的'技术活'。"他主张实用主义法学，认为"对社会有用的知识，才是真正的知识；法学的最终形态，不是仅停留在纸面上的晦涩文字，而应是解决现实纠纷的明确规则，这也是法治建设的基本所在"。

法律学人，经常会面对所谓"理论与实践脱节"的矛盾，存在不知如何寻找两者平衡点的困惑，这并不是一个真正的问题。实际上，法学的学习可分为三个层次：以刑法学为例，第一层次是规范刑法学，学习实定法条、解释、判例，知道法律是什么。第二层次是刑法适用学，学习如何运用刑法规定推理、裁判案件，知道如何用法律。第三层次是刑法哲学，将法学理论上升到法哲学的高度，知道形而上的法学。法律学人首先应当从基础学起，以规范刑法、刑法适用作为学习的起点，回到法学是实用学科的初衷。多看案例，从案例中学习法条，分析法条背后的理论基础，进而体会现有法律的规则和逻辑，最后思考如何完善它。无论哪个层面的刑法学，最终的目标也是将法律应用到实务判案中。

方鹏认为，法律的初学者之所以会误解，认为法学"越玄越牛"，一方面是因为没有弄懂法律术语、法学理论的真实含义，从而"不明觉厉"。另一方面这也与传统的法学教育模式和命题格式有关。以往的法学教育，大多是给学生发一本教材，让学生背住概念、记住定义，考试时从教材中挑几个名词解释、简答、论述，死记硬背、照书全抄，根本不必了解这些东西的真实含义就能得到高分。学生有应试、有得高分的需求，自然就会顺从迁就这种死记硬背、概念为王的教学。学的用不了，用的没有学。由此也就形成了前述"理论与实践"相脱节的矛盾。

法学教育的基本功能，对于教育者而言，是要培养能够依法判案、公正办案，对社会有用的实用性法律人才；对于受教育者而言，是要学会一门专业技能、技术和本事，用于未来的法律职业。因此，方鹏认为，与司法实务脱节，不能胜任人才培养的法学教育模式，应当予以改革。应当将实用主义作为基础法学教育的指引，让学生认识到法学的实用性功能，将理论与实践结合起来，面向实用思考法律是什么、怎么用法律、法律应当是什么。如此的学习，才会有根有据，才会使法学成长为枝繁叶茂的参天大树。

为了将注重实用的思想传递给每位学习法律的同学，方鹏想了很多办法，来将自己的实务经验融入教学之中。"我们开设了法律诊所课程，带领大家去参观检察院、法院、律师事务所、看守所等机构，让大家了解法律实践的真实情况。我们也经常接手一些法律援助案件，经过许可之后将案例材料提供给学生进行研究，寻找法律焦点问题，参与辩护意见的拟定，由老师作为代理人参与庭审，学生旁听，来展现完整的司法过程。我们还有一个接待室，用以接收社会上的法律咨询、疑难案件。我们也会将自己承办的案件进行改编后，在授课时向同学进行介绍、组织讨论。此外，我们还专门开设案例教学课程，与一些公检法机关共建卷宗室，以便学生能够广泛接触到真实的案件素材。"

从五年前开始，方鹏都会将自己编写的《刑法宝典》赠送给每一位上课的同学。问及他送书想法的契机，他说道："在此之前，我上课都是发放讲义。后来，从实用主义的角度出发，根据学习法律的规律和易于理解的体例，编写了《刑法宝典》，里面有判例、法条、图片、表格、知识小结、习题，能够使学习者迅速入门、快速掌握实用刑法的核心知识和实务运用的基本技能。"

他喜欢聊天、讲段子、交流思想

在教学之时，在与同学们进行交流之时，同学们对法学的困惑，常常成为方鹏的反思源泉。"老师和同学是相互受益的，教学相长就是这样的道理。老师和同学，其实只是在获得知识的时间上存在先后的区别。闻道有先后，而无优劣高下之别。"提到一位连续几个星期与他讨论"不作为犯"的同学，他至今印象深刻，"他对刑法问题非常感兴趣，通过不断提问、不断学习、不断查找文献资料，产生许多更为深刻的认识。后来，他仔细研究了这个问题，将自己的想法形成文字，写出了质量很高的论文，最后还获得了论文比赛的大奖"。

传道授业解惑，是身为教师的职责。同时方鹏觉得，在这样的过程中，他也受益匪浅。"在和学生的讨论之中，我也避免了自己的思维僵化。同学们的思维更加活跃，视野非常开阔。自己也从学生身中得到许多启发，不断启迪自己的思索，打开新的思路。"他回忆起自己编制出供同学们训练推理思维的"红糖杀人案""犯罪嫌疑人的献身案"等，都是受到同学们课间"天马行空"的询问的启发。年轻活泼的同学们为老师的教学开阔了思路，让他常常有一种发现新大陆的感觉。他笑着和我们说道："有的同学非常喜欢我讲的段子，但其实，很多段子都来源于与同学们交流时的灵感。所以，我尤其珍惜给我们聪明的法大同学上课的机会。"

除了与同学的讨论，平时与同事们的交流也是方鹏思索的充电站。学校有很多老师，不仅是他非常要好的同事，也是非常要好的朋友。大家常常聊天，探讨一些学术、教学方面的问题，非常融洽、亲如一家。"每位老师身上，都有那么多的优秀之处值得我学习。例如，刘艳敏老师像对待亲生孩子一样对待着每位同学；刘家安老师治学严谨、教学经验丰富……每位老师都是为了同学能有一技之长而努力教学。"

在本科生教学中开阔了不少思路的方鹏，在作为优秀的"法考领路人"时，也有着不少反思。法考教学，与本科生教学，是不同的领域，有着不同的目的，更应注重实用主义、因人施教。"本科教学的重心在于形塑未来法律人才的法治人格。奉法为尊，坚守公平正义。除了对法律规则的介绍，也要上升到法律背后的原理，开阔不一样的视野，类似于精英教学。而法考教育是应试型教育，目的是帮助考生通过考试，快餐式教育的成分多一些，注重实务要求而理论性较弱。但是同样，法考考生也是未来法治的建设者，在教授他们法考的命题规则的标准时，也应潜移默化地进行法律人格熏陶、是非观的培养，以满足司法部选拔人才的标准。"在进行法考教育时，他也反思了当前存在的一些问题：过度理论化以及"多观点"盛行，让法律似乎变成了可以随意拿捏的橡皮泥，丧失了法律规则的明确性，使民众不知何去何从。因此，法考教育更应当奉法为尊，更加专业化、职业化、实用化。

他为未来的法律职业人排忧解惑

作为未来的法律职业者，同学们面对职业选择时既充满了好奇又怀着忐忑和迷茫，经常找"包子叔"诉说："做刑辩律师是不是很危险？"方鹏都会给他们解答："我也是一名兼职刑辩律师。只要坚守律师准则，依法判案，不违法犯罪，律师是很安全的职业。现在中国法治环境越来越好，律师权益受到法律的明确保护，不必存在太多的担忧。"他补充道："律师和法律工作者，都是为了当事人的合法权益而斗争，天然具有一定程度的抗争性质，没有躺着就能获得的权利。"他给有志于成为刑事辩护律师的同学们建议道："刑事辩护律师是律师行业尖塔上的明珠，只有对法律规定最熟悉、技能最好、素质最高的法律人才能胜任。因此，大家需要提高法律水平，强化各种技能，锻炼分析案件、写作、人际交往、判断决策、随机应变能力，才能干好这份工作。"

每当看到法大学子的身影出现在各行各业时，方鹏都感到非常骄傲与自豪。"中国政法大学培养出的人才遍布全国，无论我走到哪里，到哪个机关授课交流，都能见到亲切可爱的法大人。首先是各种法律相关领域，公检法司、律所、企业、公务机关，处处都能见到忙碌的法大人。同时我校商学院、政管学院、人文学院、社会学院、外语学院、马院、新闻学院等院系，也为各行各业输送了大量专业人才。专业和职业选择也是个人的选择，法学教育为每位同学增添一颗法治之心，对所有学科的学习也颇有裨益。"

当今时代，学习、就业、工作竞争压力巨大，很多人可能无法遵从自己的喜好和理想去自由选择，只能被动接受竞争的结果。他宽慰道："只要有一技之长，学到真本事，只要能够自立自强，对社会有贡献，就都是优秀人才。怀抱理想，面对现实，真抓实干，不断求索。人生的精彩之处就是通过奋斗而实现理想。"

他的梦想与未来

从 2006 年博士毕业来到法大成为一名刑法学老师，方鹏在法大从教已有十五年，见证了这些年法大的花开花落、云卷云舒。"法大的变化，与我们国家的发展是同呼吸、共进步的。早些年，法大的硬件设施不是很好，宿舍非常拥挤，没有空调。但法大人穷且益坚，就像校园里的那只拓荒牛一样，法大人的精神就是埋头苦干。现在，法大校园基础设施变得好起来了，海淀校区新图书馆建好了，同学们的宿舍里有空调，老师们也有了办公室。教学、学习环境变了，但不变的是法大人对于法治理想的追求、坚韧不拔的精神。"

经济的发展、社会的进步、国家的富强，使得民众对于法治的需求越来越大，对于公平正义的渴望越来越强烈。而建设法治中国，不只需要日趋完善的法律规范，更需要的是心怀正义、专业过硬的法律人，关键在于法律人才的培养。

回忆起十年之前第一次被评为最受欢迎老师时，他仍然激动万分，"法大聚集了中国最优秀的法学学生和教师，而能得到如此优秀的同学的垂青，感觉自己就像中了彩票。大家的赞许和支持，正是推动我前进的动力源泉，鞭策着我不断地升华自己，不负大家的期望"。

人在变老，以前的"包子哥"变成了现在的"包子叔"，但是拼搏奋斗的青春之心永远不死，激情之火永远不会熄灭。"近期，好几位在法大工作了三十年的同事老师退休了，而我只工作了十五年，我还有十五年的时间。人生就像一条河流，时而激荡，时而平缓。年轻时为了生计而奔波，成熟时有了知识的积累与沉淀。"

方鹏表示，自己还有很多书稿没有完成。言之无文，行而不远。书本不单纯只是纸张，也会承载思想和经验的记录与传递。"人生到处知何似，应似飞鸿踏雪泥。"他希望能够将他所提倡的实用主义法学观，进行的刑法适用方法论研究，以及点滴感悟，记录下来。

"澄明之心境，实干之精神。"方鹏讲到他的座右铭："要有梦想：不因汲汲于眼前名利而忘却梦想，要树立远大目标，拥有宽阔的视野，洞悉事物的本质，保持平和的心态，有着高屋建瓴的敏锐眼光；要实干笃行：光空喊口号、躺平看手机，理想与现实的距离便会越来越远；要脚踏实地、真抓实干。只有身体力行，努力奋斗，过好充实的每一天，不断积累，才会突破重围，实现梦想。"

十五年的日日月月，昔日的朝气蓬勃变为今日的成熟稳重，方鹏欣慰地看着一届届学生进入法大，他的内心对法律的热爱也越来越强烈。"当我行走在校园里，看到同学们鲜花一样灿烂的笑容，我看到了希望，也看到了无比鲜活、奔放发展、充满无限潜力的中国未来。"拓荒牛依旧埋头苦干地为中国法治事业默默耕耘，而方鹏也在这流逝的岁月中守望着法治中国的未来。

曾文科

从容到达理想彼岸

文/潘云凯

曾文科，中国政法大学刑事司法学院副教授，硕士生导师，刑法学研究所副所长，清华大学法学学士、法学硕士，日本早稻田大学法学博士。在《法学研究》《环球法律评论》《清华法学》《法学》《华东政法大学学报》《早稻田大学法研论集》等书刊上发表学术论文十余篇，并独译前田雅英著《刑法总论讲义（第6版）》，合译川出敏裕、金光旭著《刑事政策》等。主持教育部霍英东教育基金会高等院校青年教师基金项目、北京市法学会市级法学研究课题、中国政法大学校级科学研究项目及教学改革项目等。于2021年获评第九届"最受本科生欢迎的十位老师"。

"风趣幽默又可爱、课程火爆车速快。"干净整洁的衬衫，常驻脸上的笑容，稍有些发福的脸颊，这样一个憨态可掬的形象构成了大多数法大同学对曾文科的印象。而在课堂之外，曾文科从容而坚定地走在自己选择的道路上。

反抗迷茫做自己：曾文科的求学之路

如果看曾文科的简历，清华大学本硕，师从刑法名家张明楷教授，日本早稻田大学海归博士，法大"最受本科生欢迎的十位老师"……

曾文科毫无疑问是令人羡慕的对象。在这样的经历背后，他认为毛主席的一句话"牢骚太盛防肠断，风物长宜放眼量"是他一直以来反抗迷茫的格言。这种着眼全局、放开眼界的乐观主义精神也构成了曾文科的生命底色，深刻地影响、塑造了他的性格。

中考发挥失常加上志愿填报失误，曾文科只能通过择校读高中。面对两所水平高低有别的学校，父母想让他上最好的学校，他却选择了那所排名并不靠前，但分数够得着的学校。曾文科认为，相对于强求一个更好的平台，不如在适合自己水平的地方把自己做到最好。

上高中之后，曾文科觉得自己不适合理科班，想要转文。在当时的观念中，理科学不下去才会考虑文科。老师极力挽留，家长也反对，但最后他还是选择相信自己的感觉。当时理科班班主任就对他说过："既然去了文科班清华北大就不用想了，努努力看看能不能考个复旦大学。"

周围人的态度，加上自己的一些学习上的不顺使得曾文科一度怀疑自己的选择，但是他还是选择坚定自己的信念："选都选了，与其在这纠结还不如把眼下的事情做到最好，说不定还会有一个更好的出路。"他在这条并不被人看好的路上努力走了下去，最后超出了所有人的预期，考上了清华大学的法学院。

尽管路上并非一帆风顺，但是曾文科从未选择过停下、放弃。对他而言，人生中的每一段路都不止有一种走法。而当一条路走不通的时候，他会毫不犹豫地选择另辟蹊径。相对于规划清晰，他更喜欢保持开放的选择。上大学时，因为清华大学工科氛围更为浓厚，大家或多或少都会以出国为目标，闲暇时间都会学学外语。曾文科也认为自己有学一门语言的必要："当时我不想学英语，所以我就去网上搜了几个小语种，就能想到的什么德语、法语、日语、韩语、西班牙语的入门视频，我大概看了看，觉得日语相对简单，然后说那就学它吧。"说到这儿，曾文科显得有点害羞，当时的他没有想到的是，后来选择去日本留学，这段时间的日语学习正好起到了不小的作用。也因此，在别人向曾文科寻求建议的时候，他都会回答："去学一门语言吧。"

或许也和自己的人生经历有关，曾文科觉得，"内卷"或许是一种迷茫的表现："我常看你们的万能墙，这几天好像市创好多人都在做，但是其实大多数人只是出于一种从众的心理，看到别人都参加了自己也想参加罢了。"曾文科认为，真正的成就感必然出自真正的热爱，每一个人追求的目标都是不同的，向着它脚踏实地地前进就可以。大家都走的路不一定对每个人来说都是最好的路，还是要保持开放的心态，平和安定地去迎接每一个阶段的挑战。

除了毛主席的那句诗，如果还要用一首诗来描述曾文科的求学经历，一定是苏轼的那一句："莫听穿林打叶声，何妨吟啸且徐行。"他不顾风雨的干扰坚定向前，直到迎来山头斜照的阳光。

和学生共同成长：曾文科的为师之道

曾文科向往相对自由、有创造力的工作，这是他选择成为一名大学教师的原因。"即使每年都教同一门课，每年也会对这门课有新的理解。"同时他不擅长论辩，更喜欢坐下来慢慢整理自己的思考，创造一些新的东西。这或许也塑造了他儒雅温柔的性格与形象。

然而在同学们心目中，曾文科老师的可爱形象深入人心，对于这个情况，他也是不改其诙谐的特质："我觉着就是因为我不帅嘛。"曾文科低下头笑了笑，"夸男老师无非两种，一种是帅的，如果不帅就只能夸可爱了，我之前其实也从没想过自己会走可爱路线"。曾文科之前还很认真地考虑过这个问题："尤其是刚来的那几年，我刚毕业，没比学生大多少，所以一开始在本科这边上课，我都要穿衬衫打领带，显得自己稍微年龄大一点。"然而过了一段时间之后，曾文科发现了年轻亦有年轻的好处，首先就是与学生的关系更加紧密："你稍微平易近人一点，学生也愿意跟你多说一点，你也能够知道学生的一些困难所在，如果学生都害怕你，你就了解不到这些东西，在教学上也就很难去进步。"

曾文科认为，师生之间理想的相处模式一定建立在平等之上，优秀的老师应该培养出能超越自己的学生，而这种超越的前提是一个平等对话的平台："能够像朋友或兄长一样，在你疑惑或者迷茫的时候给你提一些建议，指一条明路，根据一些自己的经验做自己应该做的。"曾文科说，如果有学生因为他的课而喜欢上刑法这门学科，或者说能去选择在刑法方向上深造，他就会觉得很满足，这也是他一直努力去工作、钻研的动力。

而据他自己所说，这种努力工作的态度也深受他的导师张明楷教授的影响："张老师的勤奋会让你不由自主地被感染。"眼神中透露着对恩师的尊敬，曾文科还补充说，张明楷教授对他的影响也远不止于此，无论是学术态度还是教学方法上，恩师对不同的观点开放性的态度深深影响了曾文科："虽然他自己有很坚定的立场，但他并不要求我们学生一定要采用跟他一样的立场，甚至是包括他的书籍，他的课堂，他都会去讲很多立场。他觉得任何一个问题都是可以去研究的，任何一个问题都可能存在着多种的立场。"曾文科在自己的教学过程中也会去强调这一点，并不希望学生一定要以司法解释或法考的观点为标准："如果年轻时就总是只接受一种观点，那么年纪越大就越不容易去听取不同的意见。"

曾文科乐于分享自己的生活，分享自己工作学习中的经历与体悟，他真诚地希望自己可以帮助到更多的学生。这种亲切感或许正是曾文科如此受欢迎的根源。但曾文科的魅力显然不止于这种亲切，他的经历和才学，同他勤奋努力的治学态度、开放豁达的人生哲学，共同塑造了我们今天所喜爱的曾文科，我们也有理由相信，曾文科会继续更坚定地在他自己所选择的道路上前进。